Du CM1 au CM2

9-10 ans

Mystère dans le bush australien

Vincent Meyer
écrivain

Isabelle Petit-Jean
enseignante

Illustré par
Loïc Malnati
Christian Favrelle

Nathan

Présentation

→ **Je lis un récit policier entrecoupé d'exercices de :**
compréhension, maths, sciences et technologie.

→ **Je résous des exercices**
qui permettent de reconstituer l'histoire.

→ **Je vérifie ma réponse**
- elle est juste → j'accède à la suite de l'histoire ;
- elle est fausse → le corrigé me guide pour refaire l'exercice.

→ **Je consulte le mémo en fin d'ouvrage,**
il m'explique la notion abordée dans l'exercice.

→ **Je regarde la table des matières (p. 118)**
pour connaitre tous les points du programme abordés dans les exercices.

→ **Je note les indices sur la page 117,**
un par chapitre, ils prouvent que l'enquête avance et que l'histoire est bien comprise.

Maquette intérieure : Julie Lannes
Composition : Linéale Production

Carte de l'Australie

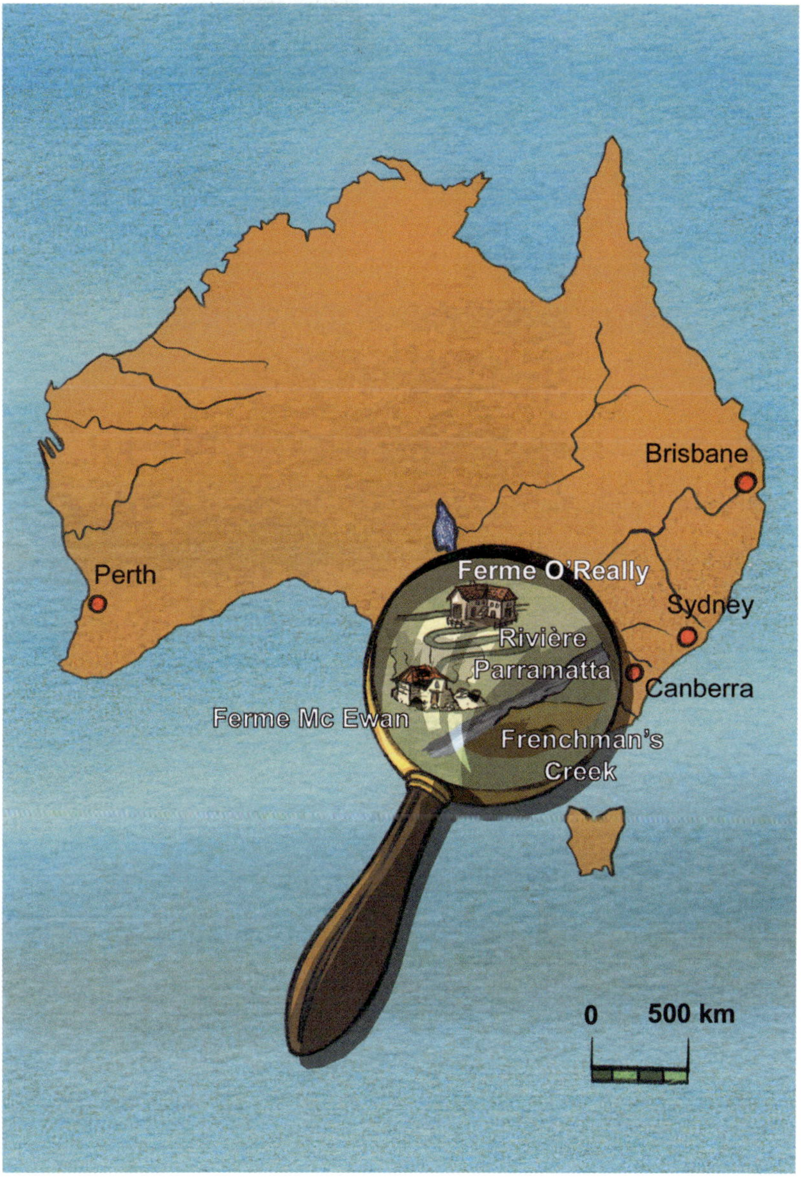

1

De Rouen à Sydney

Ce n'était pas le moment de trainer. Dès que le réveil eut sonné, Julien sauta du lit comme un ressort, puis s'en alla réveiller Tom. Tom O'Really, c'est le correspondant de Julien Laporte. Il est australien. Il venait de passer trois semaines chez les Laporte, à Saltimbec, un petit village près de Rouen, dans le cadre d'un échange linguistique.

Ce jour-là, c'était le grand jour : Tom et Julien partaient pour l'Australie. Le tour de Julien était venu d'aller chez Tom pour améliorer son anglais. Ils allaient prendre l'avion ensemble à Roissy, direction : Sydney, la Nouvelle-Galles-du-Sud, le bout du monde…

Que va découvrir Julien au bout du monde ?

Avant de prendre l'avion, Julien s'est renseigné sur la distance qu'il va parcourir. Elle est de 19856953 m. **Aide-le à mieux lire ce grand nombre :**

a. 19 856 953 m **b.** 198 569 53 m **c.** 1 985 6953 m

Si tu as choisi a. → Lis le n° 7.
Si tu as choisi b. → Lis le n° 6.
Si tu as choisi c. → Lis le n° 8.

mémo 1

2

Attention ! 16 n'est pas un nombre impair.

→ Relis bien la devinette du n° 4.

3

Tu as bien répondu ! → Va au n° 11 et tu connaitras aussi le nom du « découvreur » de l'Australie.

4

– Parramatta, c'est une grande rivière qui arrive à Sydney, la plus belle ville du monde, répondit Tom.

Les deux garçons passèrent à la salle de bains. Ils s'habillèrent en vitesse, puis ils descendirent prendre le petit déjeuner. Il faisait encore nuit. La maman de Julien était toute chiffonnée, son papa mal rasé. C'est qu'il fallait arriver à Roissy avec deux heures d'avance, pour les contrôles.

Julien et Tom allaient voyager seuls. Qui sait combien il y a de kilomètres jusque là-bas ? Julien et Tom regardèrent une carte, qui était donnée par l'agence de voyages, et Tom montra le trajet en disant :

– Si on fait le même trajet au retour qu'à l'aller, enfin, disons, pour mon retour et ton aller, on va s'arrêter en Arabie, à Dubaï, et à Singapour. Prévois

des T-shirts, il fait sacrément chaud.

– Est-ce qu'on verra des Indiens ?

De quels Indiens parle Julien ?

Comme l'Amérique, l'Australie fut découverte par les Européens. Au XVIIIe siècle, des colons anglais prirent possession de ce continent au détriment des populations déjà implantées, les Aborigènes. D'abord colonie britannique, l'Australie a acquis peu à peu son indépendance à partir du XIXe siècle.

Mais à quelle date précisément les Anglais ont-ils découvert l'Australie ? Pour le savoir, réponds à cette devinette et tu connaitras cette date.

Je suis un nombre de 4 chiffres : mon nombre de centaines est compris entre 15 et 20 et il est impair. Mon chiffre des dizaines est 7. Mon chiffre des unités est le même que celui de mes milliers.

a. 1991 b. 1771 c. 1671

Si tu as choisi a. → Lis le n° 10.
Si tu as choisi b. → Lis le n° 3.
Si tu as choisi c. → Lis le n° 2.

mémo 3

5

Attention ! N'oublie pas que *million*, contrairement à *mille*, peut prendre la marque du pluriel...

→ Retourne à l'exercice du n° 7.

6

Faux ! Sépare les chiffres du nombre en partant de la droite : u, d, c d'unités, puis u, d, c de mille (ou milliers)...

→ Refais l'exercice du n° 1.

7

Julien n'avait pas gagné un voyage dans une pochette surprise. Son papa était éleveur de moutons, et produisait des béliers qui font beaucoup de laine. C'est une variété de mouton qui s'appelle le mérinos*. Le papa de Tom aussi était éleveur, dans sa brousse australienne. Là-bas, on l'appelle le « bush », et ça se prononce « bouche ». Le papa de Julien et le papa de Tom s'échangeaient des spermatozoïdes par la poste, pour améliorer la

* Le mérinos est un mouton à toison épaisse qui donne une laine très fine. Il a été importé en Australie par les Anglais entre 1820 et 1830.

race, et produire une meilleure laine. C'est comme cela que Tom et Julien s'étaient connus. Ils avaient longtemps échangé des courriers. À l'école, tous les élèves avaient un correspondant, en Guadeloupe, au Niger, au Canada. Le correspondant de Julien, c'était Tom, et c'était celui qui habitait le plus loin.

Tom aussi s'était réveillé en bondissant, quand Julien l'avait secoué. Il était bien content de rentrer. Depuis quelques jours, il répétait sans cesse :

– Tu vas voir le bush, tu vas voir, je t'emmènerai au canyon de Glendale, et puis à Ryeres Rocks, et puis la Parramatta, tu vas voir !

– C'est quoi la Parramatta ?

Que connait Julien de l'Australie ?

L'Océanie est un ensemble de mondes très différents : l'immense Australie qui est dans sa majeure partie plate et aride, une multitude de petites iles au climat tropical et humide qui forment la Polynésie, la Micronésie… et d'autres iles plus importantes comme la Nouvelle-Guinée ou la Nouvelle-Zélande. L'Australie est une ile continent dont la superficie est 14 fois plus grande que celle de la France pour seulement 23 millions d'habitants environ.

L'Australie accueillerait près de 7 440 000 touristes par an.
Comment écrirais-tu ce nombre en lettres ?

Sept-million-quatre-cent-quarante-mille
→ Lis le n° 5.
Sept-millions-quatre-cent-quarante-mille
→ Lis le n° 4.
Sept-milliards-quatre-cent-quarante-mille
→ Lis le n° 9.

mémo 2

8

Faux. Pour lire un grand nombre, sépare ses chiffres par tranches de 3 en partant de la droite.

→ Trouve à présent la bonne réponse à l'exercice du n° 1.

9

Attention ! Les milliards sont des nombres qui ont plus de 9 chiffres. → Recommence l'exercice du n° 7.

10

Non. Rappelle-toi : le XVIIIe siècle commence en 1701 et finit en 1801. → Refais l'exercice du n° 4.

11

– Des Aborigènes, tu veux dire ? demanda Tom.

– Oui, c'est ça, des Aborigènes.

– Il y en a, oui, même pas très loin de chez moi, il y a un vieil Aborigène qui habite à Frenchman's Creek.

– Frenchman's Creek, quel drôle de nom, on dirait « la crique du Français ».

– Mais oui, tu as raison, le Français, c'est La Pérouse*.

* À quelques kilomètres près, l'Australie aurait été française… En effet, le navigateur La Pérouse est arrivé dans la région presque en même temps que l'Anglais James Cook, le découvreur de cette grande ile en 1771. Mais il est passé à côté, il ne l'a pas vue, il est allé directement en Nouvelle-Calédonie.

Après un trajet sans histoire, tout le monde arriva à Roissy-Charles-de-Gaulle, aérogare F. Là, les deux garçons furent remis, après une queue de près d'une heure, et de grandes embrassades de près de cinq minutes, entre les mains d'une charmante hôtesse de la Quantas*.

Leurs bagages passèrent dans les rayons X, et Tom dut traverser trois fois le portique avec le champ

* Queensland and Northern Territories Airlines, compagnie aérienne.

magnétique. Ses clés firent « tut-tut », puis ce fut le tour de ses lunettes, et, pour finir, les boutons de son pantalon, trop gros, déclenchèrent le système. Au bout d'un temps qui lui parut infini, l'agent de sécurité dit simplement : « C'est bon », et Tom put retrouver l'hôtesse et Julien dans la zone d'embarquement.

Ce voyage se passera-t-il sans problème ?

Mais pourquoi Tom a-t-il eu tant de mal à passer le contrôle ?

- Parce qu'il est australien et que son passeport posait des problèmes.
- Parce que les objets qu'il portait ont tous une partie en plastique que le champ magnétique décèle.
- Parce que les objets qu'il portait ont tous une partie en métal que le champ magnétique décèle.

Recopie ta réponse :

C'est ton PREMIER INDICE. Note-le sur ta page-indices (p. 117) → Suis à présent nos amis au chapitre 2, en route pour l'Australie.

2

En route pour le bush

1

Vingt heures de vol, c'est long… De temps en temps, un écran vidéo signalait la position de l'avion sur sa route. Dans un coin de l'écran, la vitesse de l'avion s'affichait : neuf-cents kilomètres à l'heure ! Quand la nuit fut tombée, les passagers commencèrent à se glisser dans des couvertures et à poser des lunettes noires en tissu sur leur nez pour mieux dormir. À un moment, le commandant de bord annonça : « Cette nuit, la Terre passe à travers un nuage de poussières galactiques, les Hespérides. Avec un peu de chance, vous pourrez voir passer des étoiles filantes. N'oubliez pas de faire un vœu, je vous souhaite un bon voyage et une bonne nuit. » La nuit était tombée à l'extérieur et, en effet, Tom crut voir passer une étoile filante. « Heureusement qu'elle n'a pas percuté l'avion », se dit-il, avec un peu d'inquiétude.

Julien s'endormit au-dessus de la péninsule Arabique, et Tom, qui, pressé de rentrer chez lui, était tout excité, ne sombra dans le sommeil que vers Bornéo.

Enfin, l'heure arriva. En suivant une grande boucle majestueuse, le quadriréacteur* fit le tour de la baie de Sydney. Tom montra par le hublot une sorte de bateau blanc en porcelaine avec de grandes voiles qui brillaient de tous leurs feux.

Que montre Tom ?

L'Opéra de Sydney est une construction récente (elle date de 1973). L'architecte danois Jørn Utzon en a imaginé la forme, audacieuse, qui s'inspire des voiles d'un navire. Situé dans le port et entouré d'un parc, c'est le monument le plus visité de cette très grande ville.

* Avion à réaction équipé de quatre réacteurs. Ce type d'avion, dont l'autonomie en vol peut aller jusqu'à 18 heures, est utilisé pour les vols « long-courriers ».

Cet opéra comprend :
une grande salle de concert de 2 679 sièges, la salle d'opéra proprement dite avec 1 547 sièges, la salle de théâtre de 544 sièges, une petite salle de théâtre de 398 sièges et le studio de théâtre, qui compte 364 sièges.
Sans poser l'opération, à combien peux-tu évaluer le nombre de sièges disponibles en tout ?

Environ 5 500 sièges → Lis le n° 6.
Environ 55 000 sièges → Lis le n° 8.

mémo 7

2

Bravo ! Si tu veux en savoir plus sur les wombats,
→ Lis le n° 18.

3

Bravo ! 411 m², c'est une belle maison…
→ Va lire la suite au chapitre 3.

4

Le père de Tom obliqua sur la gauche, direction la colline.

La voiture quitta tout à coup la route et se mit

à gravir une pente rocailleuse. Il semblait savoir ce qu'il faisait, et compter sur son véhicule pour l'emmener jusqu'en haut. Mais pourquoi ? C'est en arrivant sur la crête que les enfants comprirent.

Le père de Tom s'arrêta brutalement, au bord d'un ravin. Là, ils purent embrasser d'un seul regard un large paysage.

Une vallée sans végétation, presque rouge, sèche, emplie d'eau seulement une fois tous les deux ou trois ans, quand de violentes pluies venaient déverser, pour quelques jours, des torrents d'eau. Et au milieu…

Les enfants comprirent alors pourquoi Jonathan O'Really avait été si surpris…

Qu'a vu le père de Tom dans le bush ?

Heureusement qu'il a un 4 × 4 ! Cette voiture tout terrain est bien pratique grâce à ses 4 roues motrices.
Justement, comment fonctionnent les engrenages ?
Indique par des flèches quel est le sens de rotation des roues B, C et D.
Puis choisis la bonne réponse.

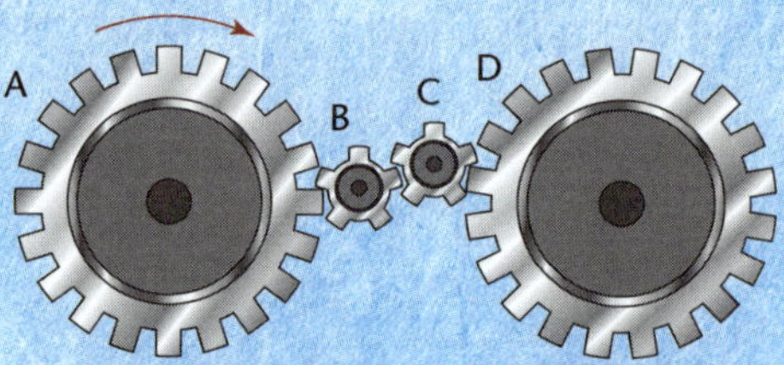

B : vers la gauche ; C : vers la gauche ; D : vers la gauche → Lis le n° 17.

B : vers la gauche ; C : vers la droite ; D : vers la droite → Lis le n° 15.

B : vers la gauche ; C : vers la droite ; D : vers la gauche → Lis le n° 13.

mémo 23

5

Faux. Pour trouver l'aire, il faut bien compter tous les carreaux.

→ Recommence l'exercice du n° 14.

6

Tom dit simplement : « The Opera house ». À la sortie du contrôle de la police des frontières, Tom se jeta dans les bras de son père. Julien, intimidé, se fit tout petit, et salua modestement en faisant seulement un petit mouvement de la tête. Le père de Tom, Jonathan O'Really, lança un *let's go* tonitruant, et ils se retrouvèrent dehors, sous un soleil de plomb, devant une énorme voiture tout terrain. Pendant que Jonathan O'Really cherchait ses clés, Julien put voir le capot avant du 4 × 4, et il en fut stupéfait. À la place du pare-chocs il y avait une grille montant très haut, équipée de tiges de fer qui barraient tout le devant de la voiture. Il se tourna vers Tom d'un air interrogateur :

– C'est pour les kangourous, dit Tom.

– Pour les kangourous ?

Les kangourous seraient-ils dangereux ?

Eh oui ! Les kangourous peuvent être un danger pour les conducteurs australiens. Ils vivent en troupeau dans le désert sans se soucier du code de la route. Même si les routes sont rares, les accidents sont fréquents et les kangourous peuvent aussi être très agressifs.

Il vaut donc mieux protéger son véhicule.

Voilà pourquoi la voiture est équipée d'une grille !
Au fait, comment s'appellent les quadrilatères qui sont formés par les barreaux ?
Choisis ta réponse.

Des losanges → Lis le n° 19.
Des carrés → Lis le n° 10.
Des rectangles → Lis le n° 16.

mémo 16

7

Faux ! Tu vas trouver le résultat du périmètre de la demeure. Choisis le calcul qui correspond à celui de l'aire.

→ Recommence l'exercice du n° 14.

8

Tu t'es trompé(e) ! Pour évaluer un résultat, arrondis les nombres : 2 700 + 1 500 + 500 + 400 + 400 = 5 500.

→ Va à présent au n° 6.

9

Faux ! L'éclosion est le moment où l'animal sort de son œuf : c'est donc un ovipare.

→ Refais l'exercice du n° 10.

10

– Oui, ils adorent les routes, dit Tom. La nuit, dans le bush, il y a de l'humidité qui se condense, et ils viennent boire l'eau le long des chemins. Il est très fréquent d'en percuter un, et vu qu'un kangourou pèse 70 kg, si on n'a pas ça, c'est l'accident assuré.

Sur la route vers Goldburn, à travers les Blue Mountains et longeant la Parramatta River, Julien eut encore bien des raisons de s'étonner.

D'abord, il vit apparaitre des panneaux jaunes annonçant des kangourous, et, en effet, peu après le panneau, des dizaines de kangourous passèrent sur la route, sans se presser. Et lui qui n'avait jamais vu de gibier, en France, traverser une route…

Puis il y eut un panneau annonçant des koalas et des wombats, mais là, ils n'en virent aucun.

Qu'est-ce qu'un wombat ?

Les kangourous, les wombats ou encore les koalas font partie de la famille des marsupiaux : les femelles mettent au monde leur petit au bout de 30 jours. Il n'est donc pas complètement formé. Pendant le reste de sa gestation, il va se nourrir et se développer dans la poche abdominale de la femelle. Presque tous les marsupiaux vivent en Australie.

Les marsupiaux sont donc des mammifères.
Mais sais-tu les différencier des ovipares ?
Pour chaque mot, écris O pour ovipare ou M pour mammifère.

allaitement : ....
éclosion : ....
gestation : ....
incubation : ....

Tu as trouvé dans l'ordre : M-O-M-O → Lis le n° 2.
Tu as trouvé dans l'ordre : M-M-M-O → Lis le n° 9.
Tu as trouvé dans l'ordre : O-M-O-M → Lis le n° 20.

mémo 19

11 

Non ! 18 litres : c'est trop peu pour 3 personnes ! Calcule le nombre de litres qu'il leur faudrait par jour pour 3 personnes, puis pour 3 jours. Tu trouveras la bonne réponse.

→ Refais l'exercice du n° 18.

12 

Faux ! 36 décilitres, c'est environ 3 litres et demi ! Aide-toi du mémo n° 13 et refais l'exercice.

→ Recommence l'exercice du n° 18.

13 

Une fumée noire s'élevait au loin, au fond de la vallée. Il y avait un incendie quelque part, on entendait même le bruit assourdi des sirènes d'alarme. Un ronronnement d'hélice commença à se faire entendre, et les enfants virent un hélicoptère se rapprocher d'eux, passer au-dessus de leur tête à une faible hauteur, et poursuivre en direction des flammes.

Le père de Tom dit gravement :

– Il se passe quelque chose de sérieux… Ça a bien l'air d'être chez Mc Ewann. J'espère qu'il ne leur est rien arrivé et que les hélicoptères vont parvenir à éteindre rapidement l'incendie.

– Qui c'est, les Mc Ewann ? demanda Julien.

– Ce sont les voisins, ils habitent la ferme d'à côté, dit le père de Tom.

– « À côté », ça fait quand même trois ou quatre kilomètres, hein, daddy ?

La descente en 4 × 4, depuis le haut de la colline jusque sur la route, prit les allures d'un tour de montagne russe. Jonathan O'Really laissa la voiture faire de grands cahots jusqu'au moment où ils retrouvèrent la route du bush. Après quelques kilomètres, ils parvinrent à une clôture, à laquelle pendait une boite aux lettres. Au loin rien, rien que

la plaine, le soleil écrasant, quelques cactus et le vol silencieux de rapaces cherchant de leur regard perçant un petit marsupial pour leur repas. Tom descendit voir s'il y avait du courrier, mais la boite était vide. Ils prirent la petite route qui partait de la clôture, pour finalement aboutir à…

– Oh, my God* ! s'écria le père de Tom.

Une mauvaise surprise attendrait-elle également les O' Really ?

Avant de le découvrir, indique ce que les enfants ont vu de leur voiture.

- Un rapace a dévoré un marsupial.
- Un hélicoptère se dirige vers l'incendie.
- La boite aux lettres a pris feu.

Recopie ta réponse :

C'est ton DEUXIÈME INDICE. N'oublie pas de le reporter sur ta page-indices (p. 117).

Maintenant → lis la suite au n° 14.

* Oh ! mon Dieu !

14

Deux gros véhicules de la police étaient garés devant la ferme. Autour des voitures, des policiers attendaient en discutant avec Mme O'Really, la mère de Tom, qui, fièrement campée sur ses jambes, essayait de les mettre dehors. En voyant arriver le 4 × 4, tout le monde se retourna, et les hommes engagèrent rapidement une conversation peu aimable avec Jonathan O'Really. La mère de Tom, qui voulait visiblement éviter une scène pénible aux enfants, prit leurs bagages et les emmena rapidement à l'intérieur. La maison était immense, mais sans étage, au ras du sol. Julien regarda Tom et lui demanda :

– Il n'y a pas d'étage ?

Et Tom répondit :

– Mais non, pour quoi faire ? On a toute la place qu'on veut ici.

– Oui, évidemment… pensa Julien.

Après quelques présentations, Mme O'Really s'excusa :

– Je suis désolée, les enfants. Surtout pour toi, Julien, ce n'est pas drôle d'arriver dans ce genre de circonstance.

– Mais qu'est-ce qui se passe, Mum ? demanda Tom, inquiet.

– La ferme d'Allister Mc Ewann a brulé d'une façon bizarre. Allister accuse ton père d'avoir mis le feu, mais rassure-toi, sans aucune preuve, bien sûr. Tu connais Allister… Il croit toujours que la terre entière lui en veut… Les policiers sont venus, pour vérifier l'emploi du temps de ton père.

Soudain, des cris assourdis arrivèrent de l'extérieur : Allister Mc Ewann, rendu fou de rage par l'incendie de sa ferme, s'était jeté sur Jonathan O'Really, et les policiers faisaient tout leur possible pour les séparer.

Les deux fermiers vont-ils pouvoir régler leurs problèmes ?

L'Australie peut apparaitre comme un pays peu hospitalier : désert aride, climat sec, animaux dangereux… La population est donc surtout concentrée près des rivages de l'océan Pacifique, bien plus accueillants. Les rares grandes villes comme Sydney, Brisbane, Melbourne et la capitale Canberra accueillent 85 % de la population australienne.

Dans le bush, Jonathan O' Really, lui, ne manque pas de place et il a certainement une grande habitation : d'ailleurs, peux-tu mesurer l'aire de celle-ci ?

Observe ce plan et choisis le bon calcul. □ = 1 m²

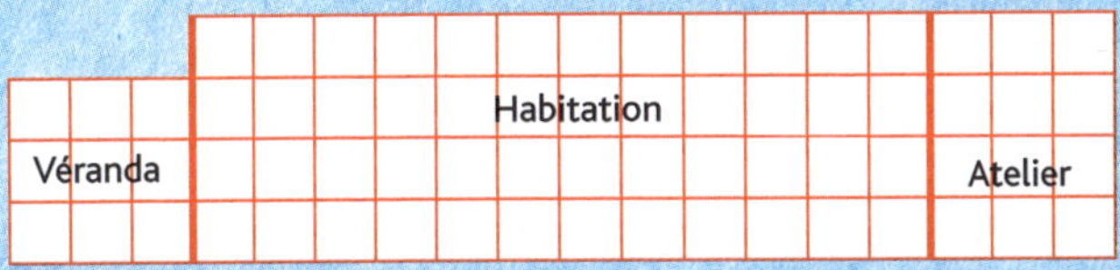

3 + 1 + 12 + 3 + 4 + 3 + 12 + 3 + 3 → Lis le n° 7.

(3 + 12 + 3) × 2 → Lis le n° 5.

(3 × 3) + (12 × 4) + (3 × 4) → Lis le n° 3.

mémo 15

15

Tu as fait une erreur : tu vas avoir un problème avec les roues C et D. Vérifie ton mécanisme.

→ Refais l'exercice du n° 4.

16

Attention ! Le rectangle a des côtés opposés de différentes longueurs.

→ Retourne à l'exercice du n° 6.

17 

Non, car deux roues dentées qui se touchent tournent toujours en sens inverse.

→ Recommence l'exercice du n° **4**.

18 

Dans le bruit et la poussière, Tom expliqua :

– Oh, un wombat, c'est un marsupial, très mignon, gros comme un chat, qui vit dans des terriers. C'est un animal très sympa.

Plus tard, à sa grande surprise, apparut un panneau montrant deux roues dans un carré jaune surmontées d'une bouteille d'eau minérale où il était écrit : 200 km.

Julien hésita un peu puis s'enhardit :

– C'est quoi ce panneau : « Attention ! Chute de bouteilles » ?

Tom sourit d'un air finaud :

– Ah, on arrive sur des routes très peu fréquentées où, en cas de panne, on peut mourir de soif au soleil. Il est obligatoire d'avoir deux roues de secours, et le premier point d'eau est à 200 km.

Julien en fut horrifié.

Tom, l'ayant observé du coin de l'œil, ajouta :

– À chaque pays ses dangers ! Moi, ce sont les sables mouvants du Mont-Saint-Michel qui m'ont fait peur !

Soudain, le père freina fortement en faisant crisser les pneus, ce qui, sans leur ceinture, aurait envoyé les passagers dans le pare-brise, et il dit d'une voix très sourde : « Damned* ! »

* Diable !

Nos trois amis vont-ils tomber en panne d'eau en plein milieu du bush ?

Le bush, nom donné au paysage rural australien, est un désert de terre rouge avec de l'herbe sèche et rase. Les déserts du centre de l'ile sont appelés *out back*. Dans le bush, la pluie et les hommes sont rares. Mais on y trouve beaucoup de kangourous !

Dans ce cas, si nos trois personnages devaient parcourir l'Australie du sud au nord, donc environ 3 300 km : combien leur faudrait-il de litres d'eau, sachant qu'ils voyageraient 3 jours et qu'ils consommeraient 4 litres d'eau chacun par jour ?

Choisis la bonne réponse.

3 bidons de 6 litres → Lis le n° 11.

3 décalitres et 6 litres → Lis le n° 4.

36 décilitres → Lis le n° 12.

mémo 13

19

Faux ! Un losange n'a pas d'angles droits !

→ Recommence l'exercice du n° 6.

20 

Non. Les ovipares sont des animaux qui pondent des œufs. Cela devrait t'aider pour recommencer l'exercice.

→ Refais l'exercice du n° **10**.

Ruines fumantes

1

La soirée avait été morose. La mère de Tom avait préparé un repas festif. Elle avait décoré le cheesecake d'une petite tour Eiffel en plastique, rapportée d'un précédent voyage en France. Mais le père de Tom avait du mal à se remettre de l'affrontement avec Allister Mc Ewann. Il était sorti brusquement en claquant la porte. Le cadre de bois tenant la moustiquaire avait bien failli se décrocher. La mère de Tom dit aux enfants :

– Faites donc un petit tour dehors, le soleil est en train de se coucher, c'est un spectacle dont on ne se lasse pas ici.

Tom et Julien ne se firent pas prier. Cela allait faire du bien de respirer un peu l'air…

Les enfants firent quelques pas vers la piste qui passait devant la ferme. L'éolienne qui alimentait une partie des bergeries se détachait comme un géant de fer sur le ciel enflammé. L'air était encore chaud, Julien le sentait sur son visage. Il se dit que, malgré ces histoires d'adultes auxquelles il ne comprenait rien, il commençait à être envouté par ce pays. Tom, lui, avait le sourcil froncé. Il n'aimait pas savoir son père tracassé et en colère. Cette dispute avec les voisins lui gâchait un peu son retour, surtout qu'il y avait la fille des voisins, Jenny, qu'il aimait bien…

– Allez, viens, on rentre, dit-il soudain.

L'air assuré, il semblait avoir pris une décision.

Quelle décision a bien pu prendre Tom près de l'éolienne ?

Et toi, connais-tu les éoliennes, ces géants de fer ? Ce sont des tours avec des hélices, appelées « pales », qui utilisent la force du vent pour créer de l'énergie : soit pour entrainer un moteur, soit pour fournir de l'électricité. Celle-ci, par exemple, permet de pomper l'eau du sous-sol. Leur nom vient d'Éole qui était le dieu du vent dans la mythologie grecque.

Voici le plan d'une éolienne mais il lui manque quelques données. Peux-tu les compléter ?

Diagonale du carré [AC] : 3,20 m
Diamètre du cercle : ……………………………………………………
Rayon du cercle : ……………………………………………………

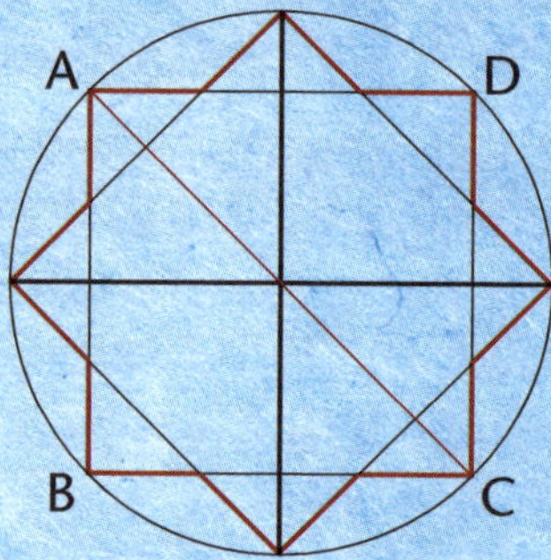

Diamètre : 3 m, rayon : 0,20 m → Lis le n° 8.
Diamètre : 3,20 m, rayon : 1,60 m → Lis le n° 9.
Diamètre : 3,20 m, rayon : 6,40 m → Lis le n° 11.

mémo 8 mémo 17

2

Tu t'es trompé(e) ! Trouve une écriture équivalente de ces fractions.

→ Retourne à l'exercice du n° 17.

3

Le circuit contenant la lampe c. est ouvert, donc ce n'est pas la bonne réponse.

→ Retourne à l'exercice du n° 5.

4

Tu as fait une erreur de retenue !

→ Refais ta soustraction au n° 15.

5

Le petit-déjeuner attendait Julien sur la table. Il était affamé et se jeta sur la nourriture comme un ours sortant d'hibernation. Pendant qu'il finissait son deuxième bol de céréales, le père de Tom entra. Julien était un peu gêné, il lui dit bonjour timidement. Jonathan lui serra vigoureusement la main, en lui souriant avec malice.

– Pas trop décalé, mon garçon ?

– Non, non, ça va, mentit Julien.

– Alors, après ton petit-déjeuner, tu peux aller retrouver Tom. Il m'a dit qu'il t'attendait près de l'éolienne.

Mais quand Julien arriva au pied de la petite tour métallique, il ne trouva personne. C'est alors

qu'il entendit un sifflement qui venait des hangars derrière l'éolienne. Il se dirigea vers les bâtiments et vit sortir Tom de l'ombre, un chapeau de cowboy sur la tête.

– Salut !

– Salut ! Chouette ton chapeau de cowboy.

– C'est pas un chapeau de cowboy, c'est un akubra*… Tiens, en voilà un pour toi.

Julien mit le chapeau en disant : « Chouette, ça me va », et se sentit tout à coup un peu australien.

– Alors, c'est quoi, le plan d'attaque ?

* C'est, à l'origine, le nom d'une marque de chapeaux fabriqués en Australie. Mais le modèle est devenu tellement célèbre que c'est à présent un nom commun pour désigner ce type de chapeau. Il est facile à reconnaitre : c'est celui que porte Harrison Ford dans les films *Indiana Jones*.

Comment Julien va-t-il aider Tom ?

Les deux amis vont avoir des idées lumineuses pour leur plan d'attaque. Mais, à propos de lumière, si tu regardes ce dessin, peut-tu dire quelle lampe est allumée ?

a. b. c.

Si tu as choisi a. → Lis le n° 18.
Si tu as choisi b. → Lis le n° 12.
Si tu as choisi c. → Lis le n° 3.

mémo 25

6

Faux ! Cette formule est adaptée au carré qui a 4 côtés identiques, mais elle ne s'applique pas à toutes les surfaces. → Refais l'exercice du n° 12.

7

Méfie-toi : il est 9 heures plus tôt en France, donc 9 heures plus tard en Australie ! → Retourne au n° 9.

8

Faux. Rappelle-toi, le diamètre du cercle est la ligne qui passe par son centre. Aide-toi de la diagonale du carré pour le trouver. → Refais l'exercice du n° **1**.

9

Dans la maison, un peu de vaisselle attendait les garçons. Mme O'Really a des principes. Elle s'occupe de l'élevage autant que son mari : il n'y a donc aucune raison pour que « les hommes » ne l'aident pas pour le ménage… En rangeant les casseroles et les plats, Tom dit à Julien :

– On ne peut pas laisser mon père se faire accuser sans raison. Je sais bien que ce n'est pas lui qui a mis le feu à cette ferme. Mon père n'est pas un criminel.

– Mais comment vas-tu prouver une chose pareille ? C'est la police qui va faire l'enquête, répondit Julien.

– Je ne leur fais pas confiance. Demain, il faudra commencer notre propre enquête. Mais si cela t'embête, je me débrouillerai bien tout seul…

Pour rien au monde Julien n'aurait raté une telle aventure. Il ouvrit la paume et la tendit à Tom :

– Tope là.

Et très solennel, il ajouta :

– Je serai ton fidèle assistant et l'honneur de ton père sera lavé.

La nuit se passa difficilement. Les yeux grands ouverts sur le plafond, il avait compté un nombre de moutons astronomique, plus que tout le cheptel* des O'Really et des Mc Ewann réunis. Son organisme était resté calé sur les horaires de sa ville natale, à Saltimbec.

* Ensemble des troupeaux formant la propriété d'un exploitant, d'une région, d'un État, etc. Le cheptel ovin français, par exemple, est en moyenne de 7 millions de moutons.

Mais quelle heure peut-il bien être ?

Julien souffre d'un sérieux décalage horaire. Bien qu'ayant voyagé 1 jour et 1 nuit en avion, à son arrivée en Australie, ce n'était pas le matin mais le soir ! En effet, il y a 10 heures de décalage entre Paris et Sydney. Car il ne peut pas être la même heure partout sur la Terre en même temps. On a donc partagé la surface de la Terre en 24 fuseaux horaires : ce sont des zones dans lesquelles l'heure est identique. En Australie, vu l'immensité du continent, on compte 3 fuseaux horaires d'est en ouest. S'il est 20 h à Sydney (à l'est), il est 18 h à Perth (à l'ouest).

Le corps de Julien, lui, est toujours réglé sur l'heure française, c'est-à-dire 9 heures plus tôt.
Et en Normandie, il est 1 h 34 du matin !
Quelle heure est-il au pays de Tom ?

Si tu as trouvé 10 h 34 → Lis le n° 17.
Si tu as trouvé 14 h 34 → Lis le n° 7.

mémo 12

10 

Bravo ! → Va au chapitre 4 !

11

Tu t'es trompé(e) ! C'est le rayon qui est deux fois plus petit que le diamètre ! → Recommence l'exercice du n° 1.

12

– On va d'abord inspecter les ruines des Mc Ewann, dit Tom. Regarde, je t'ai trouvé un vélo.

Tom avait sorti son VTT et un autre vélo, plus ancien. Il ferait l'affaire. Et les deux amis commencèrent à pédaler. Le soleil tapait déjà fort quand ils virent les toits des bergeries qui n'avaient pas brulé. Ils finirent à pied pour rejoindre discrètement les ruines de l'habitation principale, qui fumaient encore. Tout était calme. Il n'y avait personne. Le but était, bien entendu, de trouver un indice.

– S'il s'agit d'un pyromane, il peut avoir laissé des traces : un mégot de cigarette, des sillons de pneu…

– Oui, approuva Tom. Mon père ne fume pas et, pour ses 4 × 4, il n'utilise que des Goodyear Wrangler. Mais c'est peut-être un accident : l'explosion d'une bonbonne de gaz, un court-circuit…

Il n'y avait personne dans la cour. Vite, ils traversèrent l'entrée et se retrouvèrent derrière la maison, enfin, ce qu'il en restait… Ils commencèrent à inspecter les abords. Pas grand-chose à se mettre sous la dent. Juste des plantes grasses qui avaient du mal à se développer sur le sol de terre rouge et de sable. Ils avancèrent un peu, en se disant qu'il fallait bien inspecter les ruines, même s'ils avaient le sentiment que cela n'était peut-être pas permis.

Vont-ils seulement faire le tour de ces ruines ?

En effet, c'est dangereux ! Mais du moment qu'ils en font seulement le tour…
Au fait, comment calcules-tu le périmètre d'une surface ?

Tu multiplies la longueur des côtés par 4.
→ Lis le n° 6.
Tu ajoutes les longueurs de chaque côté.
→ Lis le n° 19.
Tu multiplies les longueurs entre elles.
→ Lis le n° 16.

mémo 14

13

Faux ! Tu as rajouté un mois de trop.

→ Retourne au n° 20 et refais tes calculs.

14

Attention, Jenny est l'ainée. Elle est donc née avant Patricia.

→ Recommence l'exercice du n° 20.

15

Elles entrainèrent les apprentis détectives vers une vieille caravane à côté des bâtiments restés intacts et où la famille logeait en attendant. Les parents étaient partis pour des démarches administratives à Goldburn, mais il fallait se dépêcher, car ils n'allaient pas tarder à rentrer.

Jenny et Patricia avaient leur idée. Si leur père s'était emporté l'autre jour contre les O'Really, c'était que les affaires ne marchaient pas bien. Elles avaient entendu plusieurs fois leur père dire qu'il n'arrivait pas à payer.

– Payer quoi ? demanda Julien.

– On ne sait pas très bien, répondit brusquement Patricia.

– C'est peut-être une affaire avec Arggie, expliqua Jenny.

– Arggie, l'Aborigène dont tu m'as parlé ? dit Julien.

– Oui, il habite dans une grotte qu'il a aménagée à Frenchman's Creek, précisa Tom.

– Je sais qu'il doit de l'argent, ajouta Jenny.

– Qui, Arggie ? À votre père ? interrogea Julien.

– Non, l'inverse, justement, répondit Patricia, d'un air plein de sous-entendus.

Que vient faire Arggie l'Aborigène dans cette affaire ?

Connais-tu le plus ancien peuple d'Australie ? Il s'agit des Aborigènes. Mais quand les colons anglais puis asiatiques s'installèrent, ils forcèrent les Aborigènes à vivre dans des réserves, comme les Indiens d'Amérique. Depuis 1992, de nouvelles lois leur rendent enfin justice.

Aujourd'hui les Aborigènes sont répartis ainsi sur le territoire australien :

Nouvelle-Galles du Sud	?	Australie-Occidentale	88 277
Victoria	47 327	Australie Méridionale	37 392
Queensland	188 892	Tasmanie	24 155
Territoire de la capitale australienne	6 167	Territoire-du-Nord	68 901

Combien d'Aborigènes vivent dans l'État de Tom, la Nouvelle-Galles du Sud, sachant qu'ils sont 669 475 au total ?

a. 461 111 b. 218 364 c. 208 364

Si tu as choisi a. → Lis le n° 22.
Si tu as choisi b. → Lis le n° 4.
Si tu as choisi c. → Lis le n° 23.

16

Faux ! Tu as confondu le calcul de l'aire d'un rectangle avec celui d'un périmètre.

→ Relis le mémo et refais l'exercice du n° 12.

17

Durant la nuit, Julien avait bien essayé de lire, mais il était trop excité par tout ce qui s'était passé dans la journée. Et quand enfin il avait réussi à s'endormir, il fut arraché au sommeil par tous les bruits habituels d'une ferme qui se réveille. C'est alors que Julien pensa aux plans de Tom. Quelle heure pouvait-il être ? Le réveil indiquait 10 h 34. Oh non ! Il était peut-être déjà parti faire son enquête sans lui, se rappela alors le jeune Français. Il s'habilla en vitesse et arriva en trombe dans la cuisine.

Tom l'a-t-il attendu pour déjeuner ?

Julien doit mourir de faim… Voici ce qu'il aimerait dévorer pour son petit-déjeuner :

$\frac{3}{12}$ du paquet de céréales

$\frac{2}{6}$ de litre de jus d'orange

$\frac{4}{8}$ de litre de lait

Es-tu d'accord avec ces équivalences ?

$\frac{3}{12} = \frac{1}{3}$; $\frac{2}{6} = \frac{1}{4}$; $\frac{4}{8} = \frac{1}{2}$ → **Lis le n° 2.**

$\frac{3}{12} = \frac{1}{2}$; $\frac{2}{6} = \frac{1}{3}$; $\frac{4}{8} = \frac{1}{4}$ → **Lis le n° 24.**

$\frac{3}{12} = \frac{1}{4}$; $\frac{2}{6} = \frac{1}{3}$; $\frac{4}{8} = \frac{1}{2}$ → **Lis le n° 5.**

mémo 4

18

Attention ! Une ampoule ne peut pas s'allumer si son filament est coupé. → Recommence l'exercice du n° 5.

19

Mais Tom se décida :

– Ils ont accusé mon père à tort. On ne va pas se laisser faire…

Et ils passèrent par un reste de porte ouverte qui pendouillait, dont la vitre supérieure avait dû exploser sous l'effet de la chaleur. À l'intérieur, si l'on peut dire, dans les décombres, régnait une forte odeur de cendre et de plastique brulé. Un triste spectacle. Les garçons furent très impressionnés. Soudain, un bruit les fit sursauter. Quelqu'un avançait derrière eux. Ils se retournèrent mais ne virent personne. Ils continuèrent leur inspection, peu rassurés. À nouveau, des pas se firent entendre.

Julien ne put s'empêcher de pousser un petit « Ah ! » en voyant devant lui une fille qui le regardait d'un air sévère. Une fille ? Non, deux.

Que vont croire les deux filles ?

Tu le découvriras après avoir répondu à la question suivante : qu'est-ce qui les fait sursauter ?

- Un cri d'animal.
- Quelqu'un qui avance derrière eux.
- Une porte qui s'écroule.

Recopie ta réponse :

C'est ton TROISIÈME INDICE. Note-le sur ta page-indices (p. 117).

Maintenant → lis la suite au n° 20.

20

– Qu'est-ce que tu fais ici, Tom ? dit la plus grande.

– Et c'est qui, lui ? ajouta l'autre.

– Ben, heu… bredouilla Tom… Il s'appelle Julien, c'est mon « échange linguistique ». Il est français.

Les filles Mc Ewann, Jenny et Patricia, avaient toutes les deux des yeux verts comme Julien n'en avait jamais vu… Pour le moment, bien qu'ils fussent très beaux, on pouvait dire aussi que ces yeux étaient assez en colère.

– Vous n'avez pas honte de venir ici ? dit Jenny, l'ainée, qui devait avoir l'âge de Tom et Julien.

– On vient faire justice, répondit Tom, qui avait un peu repris ses esprits. Ce n'est pas mon père qui a mis le feu à votre maison !

– Peut-être que oui, peut-être que non, dit Patricia d'un air mystérieux.

Les deux fiers-à-bras ne surent pas quoi répondre.

– Venez qu'on discute un peu tranquillement, rétorqua-t-elle.

Que peuvent bien savoir ces deux mystérieuses filles ?

Pour mieux connaitre ces deux filles, il faudrait déjà savoir leur âge. À toi de jouer !
Jenny, l'ainée, a 1 an et 11 mois de plus que sa sœur Patricia, qui est née le 5 mai 1999.
Quelle est la date de naissance de Jenny ?

a. Le 5 avril 2001 **b.** Le 5 avril 1997 **c.** Le 5 juin 1997

Si tu as choisi a. → Lis le n° 14.
Si tu as choisi b. → Lis le n° 13.
Si tu as choisi c. → Lis le n° 15.

21

Tu as coché un type d'aliment en trop : va au mémo revoir la leçon sur l'alimentation.

➜ Retourne faire l'exercice du n° 23.

22

Tu n'as fait qu'une opération : maintenant, tu dois soustraire cette somme du total.

➜ Refais l'exercice du n° 15.

23

Tout cela était bien mystérieux. Filles et garçons se mirent d'accord pour un rendez-vous le lendemain matin à 9 h 30, à l'entrée du petit sentier qui descend à Frenchman's Creek. Il était temps, car un bruit de moteur se fit entendre. Les parents Mc Ewann étaient de retour. Tom et Julien se glissèrent en dehors de la caravane et coururent par l'arrière des bâtiments agricoles pour retrouver leurs vélos dans les buissons, au bord de la piste. Julien vit alors une myriade d'étoiles lui passer devant les yeux, tellement la faim et la soif le tenaillaient. Sans parler du décalage horaire…

– Je crois que je me sens un peu faible, avoua-t-il à son ami.

– Normal, mon vieux ! Je vais te dire : moi non plus, je ne me sens pas complètement dans mon assiette. Et puis, les filles, elles sont bien gentilles, mais elles n'ont vraiment pas le sens de l'hospitalité. Elles auraient bien pu nous offrir un petit verre et un pancake, non ?

Julien sourit en buvant goulument à la gourde que lui tendait le jeune Australien. Ils se remirent en route. Tom annonça fièrement pour le repas de midi des steaks d'émeu et Julien en pédalant se demanda pendant tout le chemin du retour ce que cela pouvait bien être, un émeu…

Julien va-t-il apprécier la cuisine australienne ?

Un steak d'émeu ? Quel est cet animal ? L'émeu est le cousin de l'autruche. Sa viande est très tendre. Par ailleurs, la cuisine australienne n'est pas très gastronomique. Les Australiens adorent les barbecues mais ils préfèrent le bœuf aux steaks de kangourou, voire de crocodile !

Tant pis pour Julien s'il n'apprécie pas le steak d'émeu ! L'important, c'est de bien se nourrir.
Pour l'aider, coche les aliments qui appartiennent, comme la viande, aux aliments bâtisseurs :

☐ le poisson ☐ les légumes ☐ les œufs
☐ les fruits ☐ le lait ☐ les pâtes

Si tu as coché 4 mots → Lis le n° 21.
Si tu as coché 3 mots → Lis le n° 10.

mémo 20

24

Faux ! Aide-toi d'une droite graduée pour placer les fractions et trouver les bonnes équivalences.

→ Aide-toi du mémo et refais l'exercice du n° 17.

Le temps du rêve

1

Le lendemain, Julien et Tom décidèrent d'aller espionner le vieil Arggie Mooloo-Mooloo. Ils prirent leurs chapeaux avec de faux airs de conspirateurs, et annoncèrent à la mère de Tom qu'ils allaient juste « voir les moutons ». Tu parles ! Dès qu'ils furent sortis de la ferme, ils partirent à toute allure vers la ferme des Mc Ewann. À 9 h 30 pile, ils retrouvèrent Jenny qui les attendait. Elle portait un fichu sur la tête, et de superbes lunettes de soleil roses sur le nez. À ses côtés, dans un grand imperméable sombre – ce qui n'avait aucun sens dans le bush, sauf de lui donner l'air d'un détective privé –, la sœur de Jenny, Pat. En les voyant partir, leur mère s'était demandé ce qu'elles allaient faire dehors dans un accoutrement pareil.

– Salut Tom, salut le Français ! dirent en chœur les filles, à l'arrivée des garçons.

– Salut les filles ! Vous venez avec nous ? Vous n'avez pas peur ?

– Peur de quoi, de vous ? Surement pas !

– Mais non, pas de nous, du vieil Arggie…

– Ah d'Arggie… Non, on n'a pas peur, dit Pat, d'une voix pas très rassurée.

Nos quatre amis ne perdent-ils pas trop de temps en bavardage ?

Les quatre amis avaient rendez-vous à 9 h 30 et Tom avait prévenu Julien qu'ils mettraient 47 minutes avant d'atteindre le territoire d'Arggie, sans compter qu'ils ont bien discuté pendant 15 minutes.
À quelle heure vont-ils arriver ?

a. 10 h 32 **b.** 10 h 42

Si tu as choisi a. → Lis le n° 12.
Si tu as choisi b. → Lis le n° 19.

mémo 12

2

Bravo ! La division n'a plus de secret pour toi.

→ Va lire la suite au n° 9.

3

Attention ! On te demande de calculer ce qu'il reste sur 30 000 km².

→ Refais l'exercice du n° **12**.

4

C'est Jenny qui répondit :

– Il dessine avec de la terre. C'est un des arts des Aborigènes. Leurs dessins représentent le temps du rêve.

– Le temps du rêve ? Qu'est-ce que c'est que ça ?

– Le moment où Dieu a créé le monde en le rêvant.

Julien fut tellement étonné de la réponse qu'il ne sut même pas quoi demander comme explication.

Puis Arggie se leva, passa prendre un grand boomerang en bois et partit vers le bush. Au bout de quelques minutes, après s'être assurés qu'il ne revenait pas, les enfants descendirent dans le ravin.

– Ça ne se fait pas de fouiller chez les gens, dit Julien.

– Mais on ne fouille pas, y a même pas de porte ! On ne fait que passer, et on regarde, c'est tout, c'est comme si on se promenait… Allez viens, il faut bien qu'on y aille, si on veut découvrir quelque chose.

– Mais qu'est-ce que tu veux qu'on découvre ? Il n'a même pas une boite d'allumettes !

– Oh ! venez voir, c'est incroyable ! cria de loin Pat, qui venait de trouver quelque chose.

Qu'a découvert Patricia ?

Les enfants ont fait une découverte dans la maison d'Arggie.
À ton avis, ils ont découvert :

- la preuve qu'Arggie a mis le feu à la ferme des Mc Ewann.
- une arme cachée sous des vieux chiffons.
- un magnifique dessin fait avec du sable.

Recopie ta réponse :

C'est ton QUATRIÈME INDICE. Note-le sur ta page-indices (p. 117).

Maintenant → lis la suite au n° 5.

5

Les enfants se précipitèrent vers Pat, qui se tenait debout devant quelque chose d'orangé. Ils s'approchèrent et restèrent bouche bée. Sur le sol, à plat, était tracé un grand dessin bariolé de près de deux mètres sur deux, entièrement fait avec de la terre. Et Julien remarqua sur le côté des godets qui contenaient diverses poudres, des sables blancs, rouges, jaunes et ocre.

– Regardez, dit Pat, en sortant une loupe de sa poche, avec beaucoup de sérieux. Vous avez vu ce que ça représente ?

Le dessin représentait de grands oiseaux bizarres volant dans le ciel, au-dessus d'un bâtiment de ferme en flammes. Tout autour, des petits points blancs et orange formaient des chemins ondulés qu'empruntaient des animaux fantastiques, ornithorynques, kangourous à tête de poisson et autres béliers à cornes enroulées sur plusieurs tours.

– C'est lui, vous voyez, je vous l'avais dit ! cria Jenny Mc Ewann.

À ce moment, une voix se fit entendre au-dessus d'eux :

– C'EST LUI QUOI ?

Qui les surprend en train de regarder le dessin de sable ?

Avant de le savoir, regardons de plus près le dessin d'Arggie : pour le réaliser, il a utilisé des sables de couleurs différentes.

Le godet de sable blanc contient 784 : 8 grammes.

Effectue la division avant de poursuivre la lecture de l'aventure de nos deux héros.

Si tu as trouvé 98 → Lis le n° 2.

Si tu as trouvé 89 → Lis le n° 13.

Si tu as trouvé 45 → Lis le n° 11.

mémo 11

6

Ce n'est pas le plus léger ; pour t'aider, écris les trois masses avec des nombres décimaux.

→ Refais l'exercice du n° 18.

7

Attention ! 200 correspond à $\frac{2}{10}$. Il n'y a que $\frac{1}{10}$ de touristes.

→ Recommence l'exercice du n° 15.

8

Bravo ! C'est bien le vieux boomerang d'Arggie. Sache que ceux utilisés en compétition pèsent moins de 80 g…

→ Retrouve vite nos amis au n° 4.

9

– Ah !

Les enfants poussèrent un énorme cri en voyant Arggie Mooloo-Mooloo qui les observait en riant de toutes ses dents, depuis le haut de la corniche.

Sans répondre, et sans même se concerter, les enfants prirent leurs jambes à leur cou et partirent comme des fusées en direction de la ferme Mc Ewann. Ils coururent comme des fous jusqu'à la maison, arrivant en sueur, effrayés, haletant comme des chiens de chasse. Mme Mc Ewann sortit rapidement :

– Mes filles, mes filles ! Qu'est-ce qui vous arrive ? Et qu'est-ce que vous faites avec ce petit vaurien d'O'Really ? Qu'est-ce que tu leur as fait, hein ? Attends que je t'attrape !

Tom, qui n'avait pas la force de courir, se mit à bégayer :

– C'est pas moi ! C'est pas moi ! C'est Arggie, madame.

– C'est Arggie quoi ?

– Qui a mis le feu, maman, c'est Arggie qui a mis le feu, c'est surement à cause de l'argent…

– Veux-tu bien te taire, ne parle pas de ça devant ce fieffé garnement d'O'Really ! Rentre chez toi, Tommy O'Really, et emmène ton complice !

Les garçons s'enfuirent sans demander leur reste. Aussitôt, Mme Mc Ewann prit le téléphone pour informer la police de toute cette histoire.

Quand les enfants arrivèrent, Jonathan O'Really les attendait d'un pied ferme sur le pas de la porte.

– Ah, les garçons, vous voilà, qu'est-ce que c'est que ces histoires ? Je viens d'avoir un coup de téléphone du policier. Qu'est-ce qui se passe ? C'est Arggie qui aurait mis le feu ? En voilà une nouvelle… De toutes façons, demain nous sommes attendus à Goldburn : le policier nous a convoqués pour une confrontation avec Arggie et les filles Mc Ewann.

Arggie a-t-il vraiment mis le feu à la ferme ?

Le feu peut être un ennemi redoutable s'il est mal maitrisé. Mais sais-tu ce que c'est ? Le feu est une réaction de combustion qui se produit quand trois éléments sont réunis : un comburant (l'air), un combustible (ce qui brule) et une énergie d'activation (ce qui produit de la chaleur). Ce sont les trois éléments nécessaires au départ d'un feu.

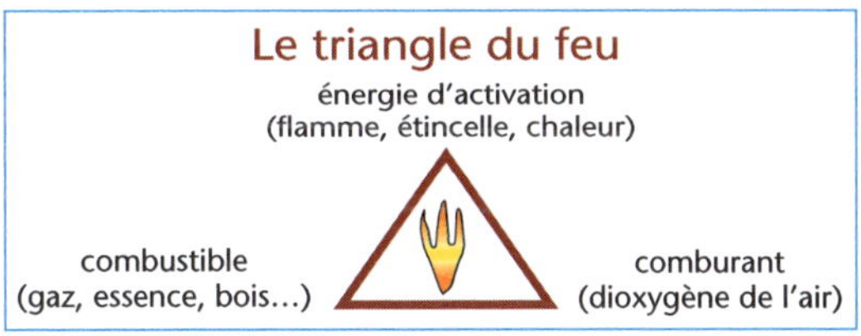

Maintenant, faisons une petite expérience.
Arggie s'éclaire à la bougie : il place sa bougie dans un bocal et pour l'éteindre il referme le bocal avec son couvercle. La bougie s'éteint. Pourquoi ?
Choisis la bonne réponse.

Parce qu'il n'y a plus de combustible
→ Lis le n° 17.
Parce que le verre du bocal est ininflammable
→ Lis le n° 16.
Parce qu'il n'y a plus de comburant
→ Lis le n° 15.

10

Faux ! Tu as dû faire une erreur dans ta soustraction.

➜ Revois ton calcul en recommançant l'exercice du n° 12.

11

Attention ! Révise tes tables de multiplication !

➜ Refais l'exercice du n° 5.

12

Finalement, les quatre jeunes prirent le chemin de la rivière asséchée, et remontèrent peu à peu vers la demeure d'Arggie Mooloo-Mooloo. En chemin, Julien s'informa de son histoire.

– Qu'est-ce qu'il fait là cet Aborigène ?

Les trois jeunes Australiens se regardèrent en hésitant, puis ils dirent d'un air gêné :

– Eh bien, il est chez lui…

– Mais… les plaines à moutons, elles sont à lui aussi ?

– Oui, à lui, un morceau. Il reçoit une somme sur les bénéfices. Comme un impôt. On lui donne ce qu'on lui doit, c'est la loi.

– Ah, et c'est ça que le papa de Jenny n'a pas pu payer ?

– Voilà, dit Jenny, avec un regard féroce. Mon père n'a pas pu payer, et c'est surement pour ça qu'Arggie a mis le feu à notre ferme…

– Mais pourquoi est-il tout seul, s'il a toute cette terre ?

– Ah ! T'en as de ces questions ! maugréa Tom, en regardant les filles d'un air gêné. Ce sont de vieilles histoires tout ça, ça ne nous concerne plus… Il est tout seul parce qu'il est le dernier de son clan, voilà, les autres sont…

Mais qu'est-il arrivé au clan d'Arggie ?

Sais-tu que les Aborigènes, installés sur le territoire australien il y a plus de 70 000 ans, vivaient en tribus à l'endroit où, pensaient-ils, s'étaient établis leurs ancêtres ? Mais depuis l'arrivée des Anglais, ils ont été déplacés et dépossédés de leurs terres. En Tasmanie (une région du sud), presque tous les Aborigènes ont été exterminés. Aujourd'hui, les Australiens comprennent qu'ils doivent réparer leurs erreurs.

Autrefois, le clan d'Arggie vivait sur un territoire de 30 000 km².
Aujourd'hui, 6 000 km² sont construits, 9 000 km² sont réservés à l'élevage des fermiers et 12 000 km² sont sous la protection d'un parc national.
Combien reste-t-il en km² de terres réservées aux Aborigènes ?

300 km² → Lis le n° 10.
27 000 km² → Lis le n° 3.
3 000 km² → Lis le n° 18.

13

Attention ! Tu as peut-être commencé ta division avec les 2 derniers chiffres du dividende.

→ Retourne à l'exercice du n° 5.

14

Faux ! Car le boomerang **c.** pèse 320 grammes : c'est le plus lourd.

→ Recommence l'exercice du n° 18.

15

Le lendemain, arrivés devant le baraquement de la police à Goldburn, les garçons furent rapidement mis en présence d'Arggie Mooloo-Mooloo, du père et des filles Mc Ewann. L'ambiance était mauvaise. Le père des filles lançait des œillades terribles à Arggie, mais aussi aux O'Really. Les filles, tête

baissée, n'osaient rien dire, et les garçons n'en menaient pas large non plus. Seul Arggie Mooloo-Mooloo souriait tout le temps, ce qui le rendait encore plus suspect. Les policiers le forcèrent à s'asseoir sur une chaise, devant les enfants. Ces derniers durent répéter ce qu'ils avaient vu. Mais, depuis, Arggie avait effacé le dessin. Pas de traces, pas de preuves. Le policier s'énervait :

– Pourquoi avez-vous effacé le dessin, Arggie, pourquoi ?

Arggie rit de plus belle, en répliquant :

– Mais ce n'était qu'un dessin, et ce n'est pas avec un dessin qu'on met le feu à une ferme ! Les dessins, j'en fais un puis un autre, et je les efface. Quelle importance ? Mais au lieu de me parler de ce dessin, pourquoi vous ne me demandez pas où j'étais au moment de l'incendie ?

Tout le monde se regarda, interloqué.

– Oui, c'est vrai, murmura le policier : vous étiez où, alors, pendant que vous mettiez le feu à la ferme ? questionna-t-il d'un air soupçonneux.

– Mais non, je n'ai pas mis le feu à la ferme, j'étais à Ayers Rock, je participais à une cérémonie rituelle, au milieu de mille personnes…

De quelle cérémonie veut parler Arggie ?

Arggie déclare qu'il participait à une cérémonie.

Parmi les 1 000 personnes qui étaient présentes :

- $\frac{6}{10}$ étaient de culture aborigène ;
- $\frac{3}{10}$ étaient de culture européenne.

Et le reste, des touristes curieux ou passionnés.

Combien les touristes étaient-ils précisément ?

a. 500 **b.** 200 **c.** 100

Si tu as choisi a. → Lis le n° 20.
Si tu as choisi b. → Lis le n° 7.
Si tu as choisi c. → Lis le n° 21.

mémo 5 mémo 6

16

En effet, le verre est une matière qui ne s'enflamme pas. Mais ici, c'est la bougie le combustible !

→ Retourne à l'exercice du n° 9.

17

Faux ! La bougie n'est pas entièrement consumée ; donc il reste du combustible.

→ Recommence l'exercice du n° 9.

18

Tom n'osa pas achever sa phrase. Arggie était le dernier survivant des Aborigènes du côté de Golburn, et il ne voulait pas bouger.

En parlant, ils avaient quitté le fond du sillon de la Frenchman's Creek et commencé à remonter. À pas comptés, il s'approchèrent du rebord de la corniche, d'où ils devinaient, en dessous, des morceaux de bois, des vêtements épars, quelques ustensiles de cuisine accrochés à une potence en bois.

– Il n'a pas de maison ? murmura Julien.

– Non, non, dit Tom. Il vit comme ça, à l'air libre. Quand il pleut, il ramasse deux-trois vêtements et se réfugie sous le surplomb[*]. De toute façon, il vit comme avant, comme ses ancêtres, entre quelques planches en bois tendues de tissu. Il chasse le kangourou au boomerang. Il n'y a que lui qui sache faire ça dans toute la Nouvelle-Galles-du-Sud. Chut ! Il est là, il pourrait nous entendre.

* Qui passe par-dessus quelque chose (des balcons en surplomb). Quand on parle de falaises en surplomb, c'est qu'elles sont creusées à leur base par l'action des vagues. Ici, le surplomb est la partie de roche qui sert d'abri à Arggie.

Un peu plus loin, en effet, un homme à la peau noire, en partie couverte d'une sorte de craie blanche, était assis en tailleur, et semblait gratter le sable avec ses mains. Au bout d'un long silence, Julien demanda :

– Mais qu'est-ce qu'il fait ?

Julien va-t-il mieux comprendre la culture aborigène ?

Les Aborigènes perpétuent leurs traditions : lors de cérémonies rituelles, ils s'enduisent le corps de craie blanche pour éloigner les mauvais esprits. À travers leur art, la peinture, la danse ou le chant, les Aborigènes invoquent les « êtres du rêve », qui sont des êtres fantastiques.

Comme le faisaient ses ancêtres, Arggie utilise le boomerang pour chasser.
Pourrais-tu retrouver le sien parmi ceux-ci ?
Facile ! C'est le plus léger !

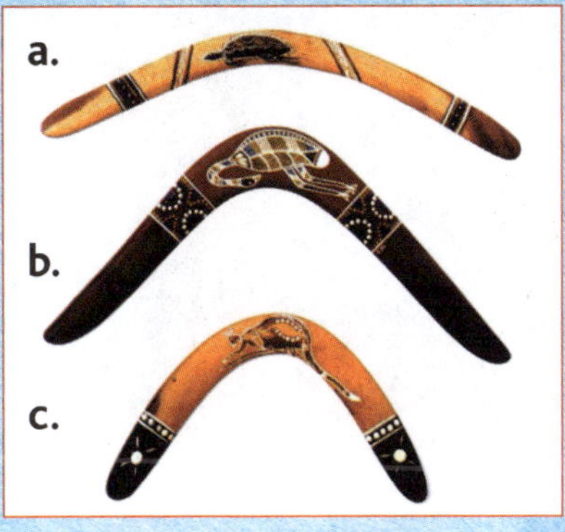

a. 2 dixièmes de kilogramme et 8 centièmes

b. 29 centièmes de kilogramme

c. 300 grammes et 20 000 milligrammes

Si tu penses que c'est a. → Lis le n° 8.
Si tu penses que c'est b. → Lis le n° 6.
Si tu penses que c'est c. → Lis le n° 14.

mémo 13

19

Tu as dû faire une erreur de calcul : rappelle-toi que 47 + 15 = 62 et 62 minutes, c'est 1 heure et 2 minutes.
→ Refais l'exercice du n° 1.

20

Attention ! 500 personnes, c'est la moitié de 1 000, donc $\frac{5}{10}$. Tu dois chercher $\frac{1}{10}$. → Retourne à l'exercice du n° 15.

21

Bravo ! → Rends-toi vite au dernier chapitre !

5 Le feu du ciel

1

Plus tard dans la journée, les deux garçons et les deux filles se rendirent aux abords de Frenchman's Creek. L'ambiance était morose. Derrière ses lunettes roses, Jenny avait les yeux rouges, sans doute le résultat d'une grande « mise au point » avec ses parents. Tom craignait qu'Arggie ne retire l'exploitation des terres à leurs parents ; ils auraient alors été obligés de partir, et pour aller où ? Ils avaient toujours vécu là, ils se sentaient autant australiens du bush qu'Arggie. Ils arrivèrent du côté de chez Arggie en faisant le plus de bruit possible.

– Parlons fort, qu'il nous entende arriver, dit Tom, vaut mieux pas qu'il pense qu'on vient l'espionner !

Arggie, curieux de tout ce vacarme, se tenait debout, appuyé sur son *didgeridoo*, les regardant arriver, amusé et avec un air plein d'intérêt.

Qu'attend Arggie, appuyé sur son *didgeridoo* ?

Le *didgeridoo* est un instrument de musique à vent utilisé par les Aborigènes lors des cérémonies rituelles. C'est un long bâton de bois (eucalyptus) creusé par les termites. C'est très difficile d'en jouer, car il faut que la respiration soit continue : même en inspirant, le musicien continue de jouer.

Pas facile les instruments de musique à vent.
D'ailleurs, le vent est également une source d'énergie ! Mais sais-tu de quel type ? **Parmi les sources d'énergie suivantes, indique s'il s'agit d'énergies fossiles (F) ou renouvelables (R).**

a. pétrole : ....

b. vent : ....

c. charbon : ....

d. uranium : ....

e. rayonnement solaire : ......

f. gaz naturel : ....

g. force de l'eau en mouvement :........................

Maintenant, → Va vérifier ta réponse au mémo et ensuite, lis le n° 15.

mémo 21

2

Attention ! Les seaux contiennent deux kilogrammes.

→ Retourne au n° 11 et refais tes calculs.

3

Rentrés chez eux, les enfants adressèrent sans tarder un message au professeur Hibbert, en lui racontant leur découverte. Dès le lendemain, Brynn Hibbert, barbe grise très fournie, large sourire, chemisette ouverte, débarquait chez les Mc Ewann dans un nuage de poussière rouge.

Les enfants l'attendaient devant les ruines, en compagnie des parents des deux filles, très anxieux. Après avoir fait connaissance, il alla chercher dans sa voiture une valise chromée, qu'il ouvrit sur le sable. Il en sortit une petite table pliante, sur laquelle il posa un microscope et plusieurs outils, pincettes, lames de microscope, éprouvettes en aluminium.

– Vous l'avez ? dit-il à Jenny, sans préciser davantage.

Elle avait compris.

– La voilà, dit-elle, et elle déplia un mouchoir à côté du microscope. Le professeur Hibbert prit la paillette avec des pincettes et la mit sous le microscope. Après de longues minutes qui leur parurent une éternité, il dit :

– Il n'y a pas de doute. Bravo les enfants ! Approchez-vous…

Que va leur révéler le microscope ?

Un microscope optique grossit les dimensions des objets trop petits pour notre œil. Celui du professeur peut grossir 2, 8, 16 ou 32 fois. La paillette mesure 8 millimètres de longueur. **Remplis ce tableau pour connaitre sa taille (en cm) en fonction de son grossissement.**

Grossissement	1	2	8	16	32
Taille en cm	0,8				

Tu as trouvé : 1,6 – 6,4 – 12,8 – 25,6 → Lis le n° 14.

Tu as trouvé : 16 – 64 – 128 – 256 → Lis le n° 8.

Tu as trouvé : 1,6 – 2,4 – 3,2 – 4 → Lis le n° 13.

mémo 10

4

Faux. Rappelle-toi : si le nord est en haut, l'ouest est à gauche. Choisis la bonne flèche.

→ Recommence l'exercice du n° 18.

5

Faux ! Notre galaxie, la Voie lactée, comme toutes les autres dans l'Univers, est formée d'étoiles autour desquelles gravitent des planètes. → Refais l'exercice du n° 15.

6

Sous les cendres, après avoir levé des planches calcinées, des tuiles effondrées, des morceaux de cloison, après avoir déplacé des restes de toutes sortes, Julien montra le sol :

– Regardez ! Le carrelage, c'est ignifuge*, c'est de la céramique, et pourtant, regardez : il a fondu comme du chocolat !

Effectivement, le carrelage avait l'air complètement ramolli sur presque un mètre, et au centre il y avait un cratère de trente centimètres de diamètre. Ils s'approchèrent en tremblant du bord du trou.

– Ça ne peut pas être dangereux ? demanda Tom, pas très rassuré.

– Non, dit Julien, tu vois bien, c'est refroidi.

---

* Les matériaux ignifuges sont des matériaux qui résistent au feu. Par exemple, certaines briques, les couvertures en amiante, les tuiles de carbone qui recouvrent les navettes spatiales, etc.

Dans le cratère, ils ne virent d'abord rien. Ils s'approchèrent encore, et : rien de rien, c'était vide.

Vont-ils découvrir quelque chose au fond de ce trou ?

Il est vrai que le trou est assez obscur...
Tu peux les aider en complétant symétriquement cette figure. Tu verras qu'elle représente l'objet qui leur manque.

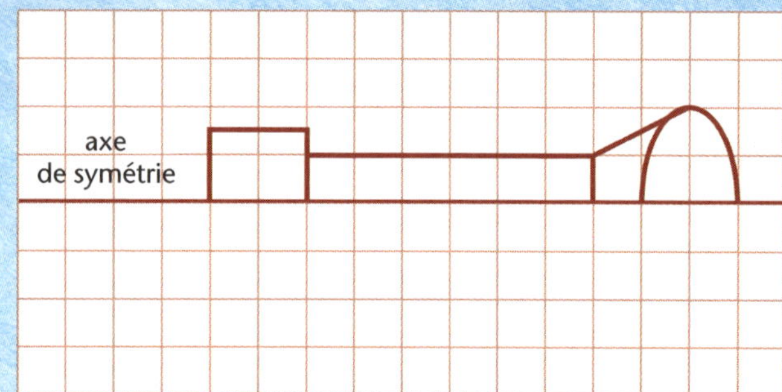

Maintenant → Si tu penses avoir réussi, va au n° 7.

mémo 18

7

– Quelqu'un a-t-il une lampe de poche? dit Tom.

Pat sortit fièrement de son sac une petite lampe en forme de requin en plastique. Elle passa deux fois la lampe au-dessus du trou, en scrutant le fond. Elle arrêta tout à coup le mouvement de balancier de son poignet.

– Quelque chose qui brille !

– Où ça ? On n'a rien vu, nous !

– Là, dans le fond : si on regarde bien, ça brille, mais c'est tout petit.

Pat passa la main dans le trou, et préleva une poignée de cendres noires. Effectivement, en faisant glisser les cendres de sa main droite à sa main gauche, comme un sablier, elle fit tomber dans le creux de sa main une toute petite paillette métallique.

– Qu'est-ce que c'est ? dit Jenny.

– Je ne sais pas, dit Julien, perplexe, il faudrait demander son avis à un spécialiste. Tu te souviens, Tom, sur le site de l'université de Nouvelle-Galles du Sud, cet astronome, Brynn Hibbert, on pourrait peut-être le contacter ?

Arriveront-ils à le contacter ?

Vu l'immensité de l'Australie, Internet est devenu indispensable.

Pour envoyer leur message Internet, les enfants doivent écrire une adresse électronique.

Quel signe vont-ils utiliser ?

www → Lis le n° 17.

.fr → Lis le n° 12.

@ → Lis le n° 3.

mémo 26

8

Attention, on te demandait les réponses en cm. Tu dois tout diviser par 10. → Retourne à l'exercice du n° 3.

9

Faux ! Un système solaire est un groupe de planètes qui gravitent autour d'une étoile comme le Soleil.

→ Recommence l'exercice du n° 15.

10

Julien cherche une direction au sud et non au nord !

→ Refais l'exercice du n° 18.

11

Les enfants s'approchèrent des ruines en suivant la trajectoire des Hespérides. Il fallait déterminer le point de premier impact de la météorite, pour trouver la ligne suivant laquelle elle avait traversé la maison.

– As-tu une idée de par où la météorite a pu rentrer ? demanda Tom à Jenny.

Celle-ci réfléchit et dit :

– D'après la police, le feu a pris tout du long entre la salle de bains et la cuisine…

– Ah ! C'est un indice, la salle de bains, elle est… enfin, elle était où ? demanda Julien, en contemplant ce qui restait de la maison.

– Ici, montra Pat, en désignant un tas de cendres d'où émergeait une baignoire en émail noircie par le brasier.

Julien s'approcha de la baignoire, tourna sa boussole et commença à marcher droit. Les cendres étaient très sombres, très noires. Soudain, le sol devint un peu plus gris, comme si le feu avait été un peu différent au-delà d'une certaine distance.

– C'est un signe, dit Julien, creusons ici.

Tom et Julien sortirent leurs pelles en roulant des épaules et en disant :

– Laissez-nous faire, les filles.

Mais Jenny et Pat répliquèrent :

– Ça va pas, non ? C'est notre maison, on creuse aussi !

Et elles sortirent de leur sac à dos de petites pelles pliables de camping. Ils et elles creusèrent ainsi pendant une heure, avec la même fièvre que des chercheurs d'or. La récompense était au bout de leurs efforts.

– Oh ! Regardez !

Qu'ont trouvé nos amis en creusant ?

En tout, ils ont déblayé 48 kilogrammes de terre à 4. Combien cela fait-il de seaux de 2 kg chacun ?

a. 12 seaux

b. 6 seaux

c. 3 seaux

Si tu as répondu a. → Lis le n° 2.

Si tu as répondu b. → Lis le n° 6.

Si tu as répondu c. → Lis le n° 16.

mémo 9

12

Tu t'es trompé(e) ! En effet, ce signe est souvent visible à la fin d'une adresse de messagerie mais il n'est utilisé qu'en France. → Retourne à l'exercice du n° 7.

13

Non. La taille sera proportionnelle : pour un grossissement de 8, sa taille sera 8 fois plus grande.

→ Recommence l'exercice du n° 3.

14

– C'est bien une météorite ! déclara le professeur.

Les enfants purent regarder à tour de rôle dans le microscope, et voir en très gros plan les cristaux métalliques de la météorite.

Pendant qu'ils regardaient, le professeur Hibbert se tourna vers Allister Mc Ewann :

– Je garde l'échantillon et vous ferai une attestation. Les assurances vous rembourseront, c'est une catastrophe naturelle. Heureusement que vous n'étiez pas dans la maison quand la météorite l'a frappée !

Puis il se tourna vers Jenny, Pat, Tom et Julien qui en avaient les larmes aux yeux et leur dit :

– Ces météorites entrent dans l'atmosphère à 30 000 kilomètres à l'heure. Seule une partie microscopique arrive jusqu'au sol. À cette vitesse-là, une météorite de la taille d'un ballon de foot pourrait détruire une ville entière. Le frottement dans l'atmosphère échauffe la météorite et la vaporise. En traversant la maison, la météorite a mis le feu tout du long. La différence de couleur dans les cendres est due à la différence de température sur le passage de la météorite. Voilà, venez me voir à Sydney, si ça vous dit, je vous ferai visiter le laboratoire, vous l'avez bien mérité !

Puis Brynn Hibbert enferma précieusement la paillette dans une éprouvette, et la rangea avec son matériel. Il fut reconduit à sa voiture, fit crisser ses pneus sur la terre ocre du bush, et salua la troupe d'un grand geste du bras à travers la fenêtre. Puis il disparut dans le lointain, emportant son trésor sur la route de Sydney.

Que va enseigner cette aventure aux enfants ?

Peut-être que cette aventure leur donnera le gout de la science... Et toi, sais-tu en quoi consiste le métier d'astronome ?

- Étudier les signes du zodiaque.
- Étudier l'espace céleste et les astres.
- Étudier le nom des comètes.

Recopie ta réponse :

C'est ton CINQUIÈME INDICE. Note-le sur ta page-indices (p. 117).

Maintenant → suis nos amis pour le mot de la fin, au n° 19.

15

– C'est vous les enfants ? Qu'est-ce qui vous amène ? demanda Arggie.

Les quatre enfants se regardèrent d'un air de dire : « Vas-y toi ! Non, toi d'abord ! » Enfin, Tom se décida, et dit :

– On vient vous demander pardon, M. Arggie, on regrette de vous avoir accusé. On est désolés.

– Oui, désolés, dirent les filles à leur tour, reprises par Julien qui dit *sorry, sorry**, avec un terrible accent français.

– Ce n'est rien les enfants, je vous pardonne, ce n'est rien.

– M. Arggie, bredouilla Julien…

– Oui, mon garçon ?

– On sait bien que ce n'est pas vous, mais pourquoi est-ce que vous avez fait ce dessin sur le sable, avec la maison et ces grandes flammes, et ces oiseaux bizarres qui volaient dans le ciel et autour ?

– Ah ! Mon garçon, tu t'en souviens bien. Regarde, je vais te le refaire. Il s'assit devant eux, reprit des poignées de sables et de poudres colorées dans les godets, et se remit à faire des flammes dans le ciel, puis peu à peu, la ferme commença à apparaitre. Il leur dit :

– La nuit précédant l'incendie, il y a eu de grandes flammes dans le ciel, et mille fois des trainées de colère divine descendirent sur la Terre.

– Des trainées descendues du ciel ? demanda Julien, héberlué.

---

* Excusez-moi.

Il se gratta le menton, puis se tourna vers Tom :

– Ça te fait penser à quoi ? des éclairs ? des étoiles filantes ?

Tom fronça les sourcils puis dit :

– Tu te souviens, dans l'avion ? C'était la nuit de l'incendie, et le pilote avait parlé d'une nuit spéciale, de météorites, ou quelque chose comme ça. Il fallait faire un vœu…

– Mais oui, tu as raison ! s'écria Julien. Le feu du ciel, une météorite, ça pourrait très bien être ça ! Il faut se renseigner. Allons chez toi, nous allons regarder sur Internet.

Ont-ils raison de penser à une météorite ?

Sais-tu ce que sont les météorites ?
Ce sont des « cailloux » qui proviennent de l'espace et qui peuvent, en tombant, atteindre la surface de la Terre. Les plus gros sont des astéroïdes. Heureusement, c'est assez rare d'en trouver sur la Terre car notre atmosphère désintègre le plus souvent ces bolides, ce qui forme des étoiles filantes.

Et toi, observes-tu le ciel ? Maintenant, teste tes connaissances en astronomie.
À quoi correspond cette définition : « groupe d'étoiles qui forment une figure » **?**

C'est une galaxie. → Lis le n° 5.
C'est un système solaire. → Lis le n° 9.
C'est une constellation. → Lis le n° 18.

mémo 22

16

Faux. Tu dois diviser 48 par 4 puis par 2.
→ Retourne à l'exercice du n° 11.

17

Faux ! Ces trois lettres sont utilisées pour chercher un site, pas pour la messagerie. → Retourne à l'exercice du n° 7.

18

– Les filles, on se retrouve chez vous ce soir à 19 h ! lancèrent les garçons.

Rentrés à la ferme à toute vitesse, les enfants ouvrirent immédiatement une page sur Internet, et cherchèrent « météorites février Australie ». En quelques secondes, ils eurent sous les yeux quelques pages d'explication d'un laboratoire d'astronomie de l'université de Nouvelle-Galles du Sud, à Sydney. Dans les jours précédents, la Terre avait effectivement traversé un nuage de cailloux cosmiques appelés les Hespérides.

La trajectoire des météorites traversait le ciel australien de la Tasmanie au Territoire-du-Nord. Sur cette trajectoire, quelques milliers de météorites avaient atteint le sol, avec « peu de chances de causer des dégâts », pouvaient-ils lire, les déserts étant immenses et l'Australie très peu peuplée.

– Peu de chances ? Les enfants se regardèrent, interloqués.

Ils imprimèrent la carte sur laquelle était reproduite la trajectoire des Hespérides. Ayant observé qu'elle passait au-dessus de Goldburn, ils y localisèrent les terres d'Arggie.

Vers 19 h, les garçons, munis d'une pelle, d'une pioche, d'une boussole, et le plan en main, rejoignirent Jenny et Pat à qui ils racontèrent leur découverte. Les enfants s'accroupirent autour de la carte dépliée et Julien expliqua :

– Voilà, si une météorite est tombée sur la maison, elle a dû tomber avec une direction sud-sud-ouest. Et il tourna la feuille pour l'orienter dans le bon sens, il posa la boussole par terre, et, avec un grand bâton, traça une flèche dans le sol, à dix ou vingt mètres des premières cendres de la maison Mc Ewann. La flèche pointait vers la maison, et il suffisait maintenant de suivre sa direction.

Ils se levèrent en disant : « On y va ! »

La boussole va-t-elle les aider à trouver ce qu'ils cherchent ?

Très pratique une boussole pour s'orienter !
Julien a tracé la direction sud-sud-ouest : observe le plan de la maison. **Trouve quelle flèche indique cette direction.**

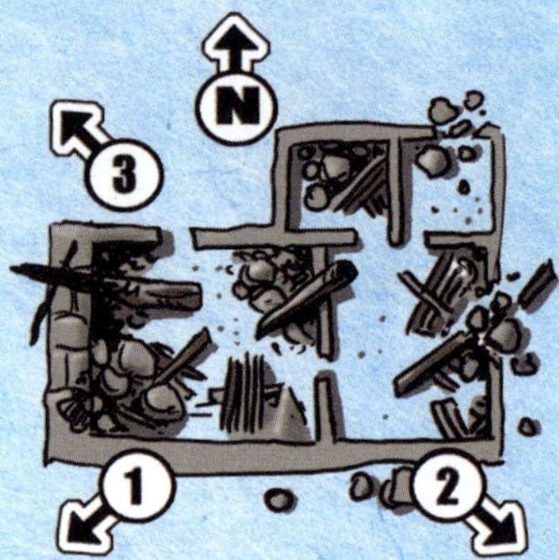

Si tu as trouvé la flèche 1 → Lis le n° 11.
Si tu as trouvé la flèche 2 → Lis le n° 4.
Si tu as trouvé la flèche 3 → Lis le n° 10.

mémo 24

19

Ce soir-là, Allister Mc Ewann ramena les enfants chez les O'Really. Jonathan O'Really fut très surpris de voir arriver Tom et Julien dans un véhicule conduit par l'homme avec qui il avait eu ce violent accrochage l'avant-veille. Mais il comprit rapidement que quelque chose de spécial s'était

produit. Les enfants descendirent du camion dans un chahut incroyable, où mille explications se bousculaient, mais O'Really comprit, au sourire de Mc Ewann, qu'il ne l'accusait plus d'avoir mis le feu à sa ferme. Tom put enfin dire calmement à ses parents :

– C'est une météorite, papa, qui a mis le feu, c'est nous qui l'avons trouvée !

– Bravo mon fils ! dit-il avant d'ajouter, en serrant la main de son voisin, et avec un large sourire : Alors, on fait la paix, Allister ?

Mc Ewann lui fit une tape amicale dans le dos en murmurant :

– L'inquiétude fait parfois faire des bêtises, Jonathan…

Tom interrompit les adultes :

– C'est décidé, papa, plus tard, je veux être astronome !

– Et moi, je voyagerai sur une autre planète, dit Jenny, en repoussant ses lunettes sur le nez.

– Moi, je vais rester ici, dit Pat, j'élèverai des moutons.

– Et toi, Julien, qu'est-ce que tu vas faire plus tard ? interrogea Tom, en pensant que son ami français lui répondrait « chercheur » ou « explorateur », ou quelque chose comme ça, mais Julien dit en rougissant un peu :

– Je resterais bien vivre ici, dans le bush… avec toi, Pat.

Et tout le monde éclata de rire.

FIN

L'aventure t'a-t-elle plu ?

Tu viens de découvrir les aventures passionnantes de Tom et de Julien dans le bush australien. Julien, en arrivant en Australie, pouvait-il s'attendre à mener une enquête aussi trépidante ? La chute d'une météorite est un évènement peu probable, c'est vrai, mais elle n'est pas impossible. Dans ce genre de circonstances, le réflexe peut être d'accuser une personne dont l'aspect inquiète, à tort, comme l'Aborigène de cette histoire.

Grâce à cette aventure, Julien a pu découvrir qu'au fond, les qualités humaines telles que l'amitié, la fraternité, la curiosité, la solidarité sont universelles. Mais les défauts des hommes : soupçon, méfiance, peur de celui qui est différent, sont hélas également universels, et liés le plus souvent à l'ignorance. Chacun doit veiller à ne pas s'y laisser entrainer. Et la science, comme dans cette histoire, peut y aider.

***

Bravo ! Puisque tu es allé(e) jusqu'au bout de cette histoire et de ses exercices, envoie-nous, sur le site **www.lenigme.com**, la liste des indices que tu as écrits page 117, et tu pourras télécharger des surprises.

À bientôt pour de nouvelles aventures !

Mémo

Pour t'aider à faire tes exercices

Maths

Sciences Techno

Nombres

1 Les grands nombres

- On utilise un tableau de numération et ses classes.

Classe des millions			Classe des mille (ou milliers)			Classe des unités		
	1	6	2	0	0	8	4	5

- On sépare les chiffres par groupe de trois en partant de la droite.
16 millions 200 mille (ou milliers) 845 unités = 16 200 845.

2 L'écriture des nombres

Lorsqu'on écrit les nombres en lettres :

- **Vingt** et **cent** prennent un -s quand ils sont multipliés et non suivis d'un autre chiffre.
*Quatre-vingts = 4 × 20 et neuf-cents = 9 × 100 (seule exception lorsqu'il s'agit de l'année : **mille-neuf-cent-quatre-vingt**).*
- **Mille** est invariable.
***Trois-mille** = **3 000**.*
- **Million** et **milliard** s'accordent au pluriel.
*Trois-milliard**s**-quatre-million**s**.*
- Le **trait d'union** est utilisé pour tous les nombres.
***Dix-huit-mille-trente-neuf** = 18 039.*

3 La différence entre un chiffre et un nombre

- Les nombres sont des quantités. Pour les écrire, on utilise des chiffres : 0, 1, 2, 3, 4, 5, 6, 7, 8 et 9.
- Pour connaitre la valeur des chiffres d'un nombre, il faut connaitre le tableau de numération.

Classe des millions			Classe des mille (ou milliers)			Classe des unités		
					1	7	2	0

Dans 1 720, **le chiffre des centaines** est 7 et **le nombre des centaines** est 17 car il y a 17 × 100 dans 1 720.

4 Les fractions

- $\frac{1}{3}$ est une fraction.

1 est le **numérateur** : c'est-à-dire le nombre de parts que l'on prend.
3 est le **dénominateur** : c'est-à-dire le nombre de parts que contient l'unité.

- $\frac{1}{3}$ est une fraction qui peut être représentée par un dessin.

- Certaines fractions ont des équivalences : $\frac{1}{2} = \frac{2}{4} = \frac{4}{8} = \frac{5}{10}$.

5 La comparaison des fractions décimales

Une fraction décimale est un nombre divisé par un multiple de 10.

$\frac{47}{10} = 4{,}7$ $\frac{69}{100} = 0{,}69$ $\frac{47}{100} = 0{,}47$

Avec un tableau, on les écrit sous la forme d'un nombre décimal :

PARTIE ENTIÈRE			PARTIE DÉCIMALE		
centaines	dizaines	unités	dixièmes	centièmes	millièmes
		4	7		
		0	6	9	
		0	4	7	

On compare la partie entière, puis la partie décimale :

$4{,}7 > 0{,}69 > 0{,}47$.

6 Calcul de quantité avec des fractions décimales

Une fraction représente une part d'un nombre :

$\frac{2}{10}$ de 10, c'est 2 parts sur 10 que l'on multiplie par 10 → 2.

$\frac{2}{10}$ de 60, c'est 2 parts de 10 multipliées par 6 car
$6 \times 10 = 60 \rightarrow 2 \times 6 = 12$.

Calculs

7 Évaluer l'ordre de grandeur d'un résultat

Avant d'effectuer une opération, on peut calculer un résultat approché :
1 567 + 3 021 est proche de 1 600 + 3 000.
Donc le résultat approché sera de 4 600.
Le résultat exact est 4 588.

8 Calcul avec des nombres décimaux

- Pour additionner ou soustraire des nombres décimaux, on applique les mêmes règles que pour les nombres entiers : les unités avec les unités, les dizaines avec les dizaines, etc.
- On fait la même chose pour la partie décimale : les dixièmes avec les dixièmes…

```
   1  1
      5, 2  5  0
+  1  7, 8  0  0
   -------------
   2  3, 0  5  0
```

La virgule est donc elle aussi alignée.
Et surtout on n'oublie pas les retenues.

9 Les multiples

Les multiples permettent d'effectuer des partages égaux :
48 est un multiple de 8 et de 6 car 8 × 6 = 48 ;
mais aussi de 4 et de 12 car 4 × 12 = 48.
Diviser, c'est partager un nombre en parts égales.

10 La proportionnalité

Deux grandeurs sont proportionnelles, si on multiplie ou si on divise toujours par le même nombre les valeurs de l'une pour obtenir les valeurs de l'autre.

× 3

Grossissement	1	2	5	10	20
Taille	3	6	15	30	60

: 3

11 La division

Pour effectuer la division 432 : 8,
on réalise un encadrement du dividende :
$8 \times 10 < 432 < 8 \times 100$.
Le quotient compris entre 10 et 100
aura 2 chiffres.
On divise d'abord les 2 chiffres de gauche
du dividende → 43 : 8 = 5 → 5 × 8 = 40 et il reste 3.
On pose le dernier chiffre du dividende à côté du reste et on divise
à nouveau 32 : 8 = 4 → 4 × 8 = 32 et il reste 0.

dividende	diviseur
4 3 2	8
− 4 0	5 4 (quotient)
3 2	
− 3 2	
0 (reste)	

Grandeurs et mesures

12 Calcul de durées

1 minute = 60 secondes.
1 heure = 60 minutes.
Pour additionner des durées,
on ajoute les minutes entre
elles, les heures entre elles, etc.
Puis on convertit les minutes
en heures : 85 = 60 + 25.

	heures	minutes
	9	30
+		47
+	1	08
=	10	85

10 + 1	25

Ici, le résultat est 11 h 25 minutes.

13 Comparaison de masse et de contenance

- Il faut utiliser un tableau de conversion pour comparer dans la même unité : 29 centièmes de kilogramme = 0,290 kg = 290 g
  300 g et 2 dag = 0,320 kg = 320 g

kg	hg	dag	g	dg	cg	mg
0	2	9	0			
0	3	2	0			

- Même chose pour les contenances : 36 décilitres = 3,6 litres

hL	daL	L	dL	cL	mL
		3	6		

14 Calcul du périmètre d'une figure

Pour calculer le périmètre d'une figure, on additionne la longueur de chacun de ses côtés.

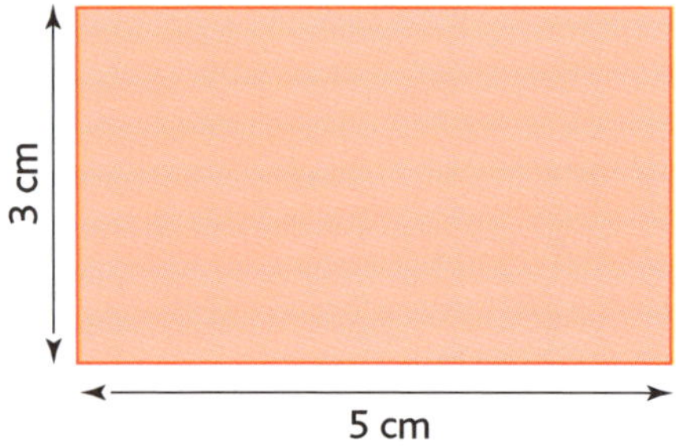

$(3 \times 2) + (5 \times 2) = 6 + 10$
$= 16$ cm.

Le périmètre du rectangle est égal à 16 cm.

Chaque côté mesure 1 cm.
Ce polygone comprend 12 côtés.
Le périmètre est égal à 12 cm = 12×1 cm.

15 Calcul de l'aire d'une figure

L'aire est la **surface** d'une figure géométrique.
L'unité principale de mesure d'aire est le **m²**.
On calcule l'aire en multipliant les longueurs des côtés.
L'aire d'une figure est la mesure de sa surface.
On peut comparer les aires de plusieurs figures avec un quadrillage, il faut compter le nombre de carreaux qu'elles recouvrent.
Ces deux figures ont la même aire (on compte 4 carreaux).

Espace et géométrie

16 Les quadrilatères

Il suffit de bien connaitre leurs propriétés.

	Nom de la figure	Côtés égaux	Côtés parallèles
	carré	4 côtés	côtés opposés deux à deux
	rectangle	côtés opposés deux à deux	2 côtés opposés
	losange	4 côtés	côtés opposés deux à deux

17 Le cercle

Un cercle est une ligne courbe et fermée dont tous les points sont à égale distance du centre.
Pour le décrire, il faut savoir identifier : son **centre** (O), son **rayon** (OA), son **diamètre** (AB).

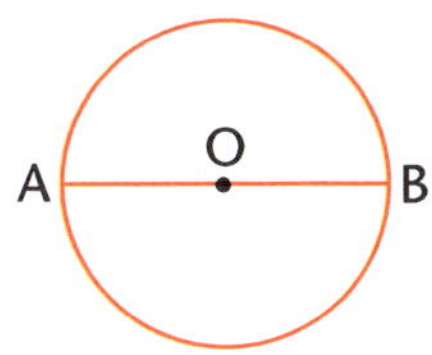

18 Le symétrique d'une figure

- Une figure symétrique est une figure qui est construite de la même façon des deux côtés d'un axe.

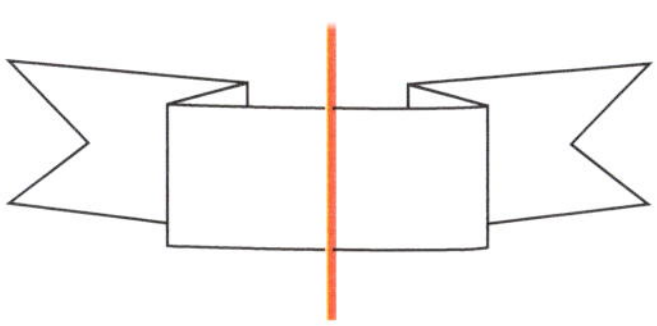

- Pour construire une figure symétrique, il faut d'abord placer les points de repère sur le quadrillage puis les relier.

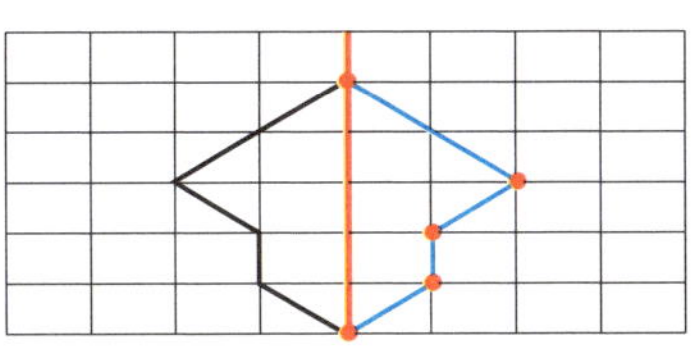

19 La naissance des êtres vivants

Lorsqu'un animal se forme à partir de l'accouplement d'un mâle et d'une femelle, on parle de **reproduction sexuée**.
La **fécondation** produit un œuf :
- chez les **vivipares** (dont les mammifères), l'œuf reste dans l'utérus de la mère pendant toute sa gestation. Puis à la naissance, la mère allaite le nouveau-né ;
- chez les **ovipares**, la mère pond l'œuf et l'embryon se développe pendant l'incubation. Certains ovipares se métamorphosent après l'éclosion (comme la chenille).

20 Une alimentation équilibrée

Pour grandir, bouger et être en bonne santé, notre alimentation doit être équilibrée en quantité et en qualité.
- Les **aliments bâtisseurs** servent à bien grandir (protéines) : viande, poisson, lait, œuf.
- Les **aliments énergétiques** sont riches en sucre et servent à avoir de l'énergie (glucides et lipides) : féculents (riz, pâtes), céréales.
- Les **aliments protecteurs** permettent au corps de bien fonctionner (vitamines et fibres) : fruits, légumes.

21 Les énergies

L'énergie permet de s'éclairer, de se chauffer et de se déplacer.
Il en existe principalement deux types :
- **les énergies fossiles** : pétrole, charbon, uranium, gaz naturel...
Elles proviennent de matières premières et sont présentes sur notre planète en quantité épuisable.
- **les énergies renouvelables** : vent, rayonnement solaire, force de l'eau en mouvement...
Elles proviennent de phénomènes naturels et sont donc inépuisables.

22 Le vocabulaire de l'astronomie

- 8 planètes tournent autour d'une étoile, le Soleil : c'est notre **système solaire**.
- Des étoiles forment des **constellations**.
- Des milliards d'étoiles forment notre **galaxie**.
- Des millions de galaxies forment l'**Univers**.

23 Les différents types de mouvements

Pour trouver le sens de rotation des éléments d'un mécanisme, on observe la roue motrice dentée :

– **avec une chaine**, les roues tournent dans le même sens ;

– **sans chaine**, elles tournent en sens inverse.

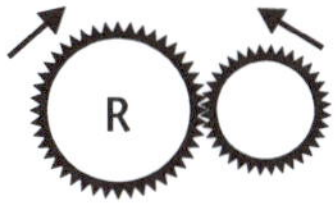

24 La boussole

- Pour s'orienter, on repère la direction des 4 points cardinaux : le nord, le sud, l'est et l'ouest.

- La boussole a une aiguille aimantée qui indique toujours le nord, ce qui permet de s'orienter.

25 Le circuit électrique

Une lampe ne peut s'allumer que si le circuit électrique est fermé.
Le courant provient d'une source (pile, prise), passe dans des matériaux conducteurs (des métaux), chauffe le filament de la lampe et revient à la source.

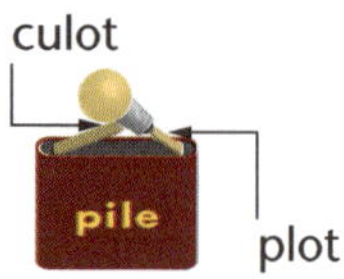

lampe allumée

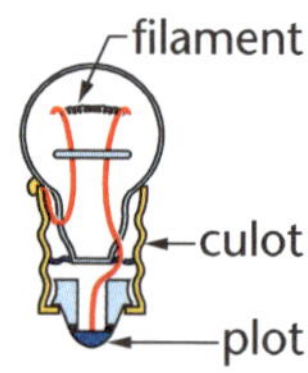

coupe d'une ampoule

26 Envoyer un mail

Pour envoyer ou transmettre un message électronique, il faut écrire une adresse de messagerie qui comporte toujours les 5 mêmes éléments. Attention ! Les lettres ne comportent pas d'accent et il n'y a jamais d'espace entre les lettres. Pour comprendre, observe l'adresse de Chloé.

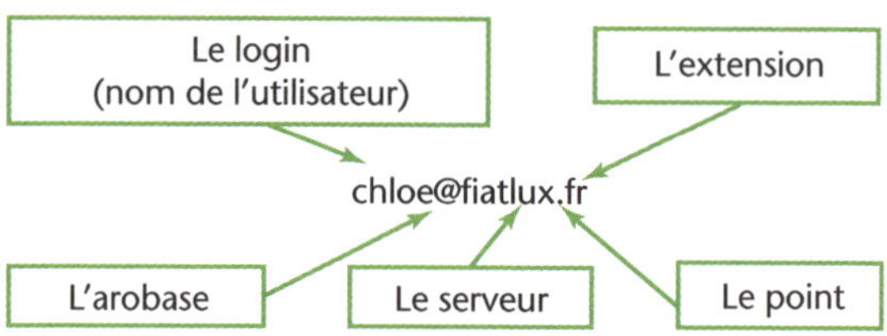

Voici quelques informations documentaires en lien avec le thème de l'énigme que tu viens de lire.

Qu'est-ce qu'un ornithorynque ?

L'ornithorynque ne vit qu'en Australie. C'est un mammifère ovipare amphibie : il peut vivre dans l'eau, mais aussi sur terre. En 1798, pour la première fois, des chercheurs anglais ont ramené un ornithorynque en Angleterre. De nombreux zoologistes (spécialistes de l'étude des animaux), crurent que cette étrange créature était un faux, composé de différents animaux. Il leur semblait impossible qu'un même animal ait un bec de canard, un corps de loutre et une queue de castor !

Qu'est-ce donc que la Tasmanie ?

Située à 240 km au sud de l'Australie, la Tasmanie est une ile 10 fois plus grande que la Corse mais elle compte moins de 500 000 habitants. Au XIXe siècle, l'ile était en fait la prison de l'Australie. Plusieurs dizaines de milliers de bagnards y ont survécu dans des conditions très pénibles. Pour les Aborigènes vivant en Tasmanie, ce fut encore pire : la grande majorité a été massacrée par les colons britanniques qui se sont approprié leurs terres. Aujourd'hui, la Tasmanie est le paradis des randonneurs avec des paysages montagneux très variés et un climat tempéré semblable à celui de la France : on y fabrique même du camembert !

As-tu entendu parler de la Grande Barrière de Corail ?

La Grande Barrière de Corail mesure environ 2 400 km de long et se situe au large de la côte nord-est de l'Australie. On la considère comme l'une des grandes merveilles du monde. On y trouve plus de 400 espèces de coraux et plus de 1 000 espèces de poissons. Cependant, d'après différentes études scientifiques, la Grande Barrière de Corail serait en danger. En effet, le réchauffement de la température des eaux de la mer de Corail et de l'océan Pacifique pourrait la détruire dans les 20 ans à venir.

Sais-tu ce qu'est un dingo, et pourquoi il est à l'origine de la plus longue clôture du monde ?

Ce chien sauvage serait un descendant du loup indien : comme son ancêtre, il n'aboie pas mais hurle. Les fermiers australiens ont dû protéger leurs troupeaux contre les hordes de dingos. Alors, ils ont construit le « Dingo Fence », la plus longue clôture du monde (5 600 km).

Connais-tu les richesses du sous-sol australien ?

L'Australie possède de fabuleuses ressources naturelles : des diamants, des émeraudes, de l'or, de l'argent, des minéraux importants pour l'industrie, des métaux rares... Ces richesses, qui restent largement inexploitées, classent le pays parmi les nations les plus riches en ressources naturelles.

Page-indices

Mystère dans le bush australien

du CM1 au CM2

Note ci-dessous les indices que tu as trouvés
au cours de ta lecture.

Va vite te connecter sur le site
www.lenigme.com
pour nous envoyer tes indices,
et tu pourras télécharger plein de cadeaux !

INDICE 1 ....

INDICE 2 ....

INDICE 3 ....

INDICE 4 ....

INDICE 5 ....

Bravo ! *Tu as trouvé tous les indices !*

Table des matières

N°éditeur : 10219889 – Linéale – Mars 2017 – imprimé en Italie par BONA

L'ÉNIGME DES VACANCES

Choisis ton univers !

Historique · FANTASTIQUE · Policier · Aventure · FRISSON · Princesse

du CP au CE1

- Le voleur invisible
- Sophia, princesse de la mer 🎧
- Le mystère de la source 🎧
- Disparition au pays des poneys 🎧

du CE1 au CE2

- La peur au bout de la laisse
- Mystère au cirque Alzared
- Attention ! Dauphins en danger
- Pas si désert que ça !
- Menace sur Madagascar
- Pirates en péril ! 🎧
- L'attaque des monstres animaux SCOOBY-DOO!

du CE2 au CM1

- Le labyrinthe des dragons
- Les fantômes de Glamorgan
- La plage du Prince Blanc
- Le phare de la peur
- Montagne explosive !
- Menaces sur la finale de foot
- Planète dinosaures
- La menace des fantômes SCOOBY-DOO!

du CM1 au CM2

- Le voleur de papyrus
- Le secret de la jungle
- Le sortilège des loups-garous
- Parfum de vacances
- La carrière interdite
- Mystère dans le bush australien
- Musiques diaboliques SCOOBY-DOO!
- Drôles d'époques ! 7 HISTOIRES

du CM2 à la 6e

- Le trésor des Templiers
- Panique à la Pop Academy
- La forêt de l'épouvante
- À la recherche de la cité perdue
- Eaux troubles à Venise
- Drôles de familles ! 7 HISTOIRES

de la 6e à la 5e

- Le secret du Titanic
- Drôle de trafic
- Complot chez les cordons-bleus
- The Refuge in Danger 🎧 (en anglais)

de la 5e à la 4e

- Operation Blue Lagoon 🎧 (en anglais)
- Chute mortelle au Mont-Saint-Michel
- The Captain is Missing! 🎧 (en anglais)
- Le souffle de l'ange

de la 4e à la 3e

- Murder in West Park 🎧 (en anglais)
- The Mark of the Vampire 🎧 (en anglais)

🎧 Histoire à podcaster sur le site www.lenigme.com